LES AIGLES

DU CAPITOLE

PARIS. — IMPRIMERIE A.-E. ROCHETTE
72-80, boulevard Montparnasse, 72-80

LES AIGLES
DU CAPITOLE

PAR

EDOUARD LOCKROY

—

PRÉFACE INÉDITE

PARIS
LIBRAIRIE CENTRALE
9, RUE CHRISTINE, 9
ET CHEZ CALVET
11, RUE NOTRE-DAME-DES-VICTOIRES

—

1869

PRÉFACE

C'est au prétendu parti de l'ordre que je dédie
ce livre. C'est aussi aux grands hommes, ministres, députés, fonctionnaires, gardes-champêtres,
préfets, maires, journalistes, boursiers, négociants, électeurs, bonnets de coton de la rue de
Poitiers et invalides de la société du 10 décembre, qui depuis vingt ans voués à la défense des
grands principes « sur lesquels repose l'ordre
social » : *Religion, propriété, famille*, enri-
chissent leurs familles, arrondissent leurs propriétés et usent de la religion pour avoir des
rentes. Rien n'étonne leur courage et rien n'arrête leur audace. Ils terrassent l'anarchie toutes

les semaines. Ils défendent le Capitole. La plu
part seraient de force à le sauver.

Courageux lutteurs, je vous salue!

Entre nous, je vous trouve grands. Ce n'est
point que votre intelligence me confonde et que
la profondeur de votre esprit m'accable. Vous
avez des naïvetés à vous, des façons à vous et
une certaine sottise majestueuse et solennelle
qui vous est particulière et qui force à rire même
vos partisans. Nul, parmi les plus enthousiastes,
ne s'est résigné encore à vous prendre au sérieux.
C'est ce qui fait que je vous admire. Ce m'est
une surprise toujours nouvelle de voir qu'étant
si nuls, vous êtes si forts. Car, vous pouvez
tout; vous êtes les maîtres, vous régnez! La
France vous appartient. Et je me dis que vous
êtes des hommes bien extraordinaires et bien
providentiels, pour vous maintenir à ce comble
de puissance, avec des talents si maigres et des
intelligences si écloppées. Rien ne vous ébranle
ni ne vous abat. Vous demeurez fermes dans le
chaos que vous avez fait et que vous ne dé-
brouillez point; vous opposez simplement, aux

coups furieux de la tempête, votre inébranlable médiocrité. Il faut que vous la poussiez jusqu'au génie.

Encore une fois, je vous trouve grands!

C'est pourquoi je vous dédie ce petit volume. Vous en avez inspiré presque tous les chapitres. Vos noms s'y trouvent à chaque page. Hélas! j'aurais voulu vous offrir un monument plus durable et plus digne de vous. Ces noms que la France vénère et qui font sa joie et son orgueil, je les aurais voulu graver sur le marbre. Mais dureront-ils autant que le papier?

Ah! que n'avez-vous trouvé un historien! Où est-il l'écrivain qui daignera s'occuper des puissants d'aujourd'hui, parvenus de la finance, de la politique ou du négoce, et qui saura mêler, pour les bien peindre, le style de Tacite à celui d'Henri Monnier! Que ne s'est-il révélé encore celui qui crayonnera, pour les siècles à venir, les profils de ces Prudhommes sinistres!

Je le vois, barbouillant nos aigles sur le livre de l'histoire. Il les peint d'un coup de plume et il les juge d'un coup de pied. Tous figurent sur cette page immortelle, les aigles de la politique aussi bien que les aigles du Jardin des plantes; l'aigle de Saint-Flour et l'aigle auquel M. Feuillet de Conches, dans un moment d'enthousiasme, dérobait une plume de la queue!

Quelle peinture! quelle galerie! quelle ménagerie! quels portraits d'hommes et quels portraits de femmes! Là, un vieillard chamarré de cordons multicolores, qui s'est attaché à tous les gouvernements comme une gangrène et qui leur a inoculé sa pourriture; plus loin, un souteneur du catholicisme, desséché et hideux, et qui s'est bâti une maison de banque avec les restes de la forêt de Bondy. Près d'eux ce vieil imbécile avec sa serinette en bandoulière, et cet impudent ventru dont le talent consiste à dire de temps en temps :

J'ai menti!

Tous! Il nous les faut tous! Depuis ce jeune va-nu-pieds, venu de sa province sans un sou et mendiant à toutes les portes, qui a traîné dans les antichambres, qui a porté la livrée, qui a ouvert la portière des voitures, aujourd'hui chevalier, comte, baron, marquis, prince, et toujours laquais.

Il nous faut aussi ce fougueux orateur des clubs, ce démoc-soc de la première heure, qui trouvait, au lendemain de 48, Ledru-Rollin fade et Blanqui modéré. Il se coiffait alors d'un bonnet rouge; il dansait la carmagnole, et préparant les fusillades de Décembre, il regrettait les échafauds de 93. Mais celui-là s'appelle Légion. Tous ont agi comme lui; tous ont fait ce qu'il a fait et s'il se distingue de la masse, si on le remarque dans cette tourbe, c'est qu'il a poussé jusqu'au prodige, le cynisme et l'impudeur!

Cet autre a vendu ses filles; cet autre a volé au jeu; cet autre a tué.

La première venue, qui a traîné dans les lupanars, devient puissante aujourd'hui, et les grands de la terre mangent à sa table, et les grands de la terre rient à gorge déployée en écoutant les ordures qui tombent de cette bouche hideuse où tout l'art de Ricord n'a pu retenir les dents. La drôlesse a des adorateurs Des gens se trouvent qui l'aiment et qui lui font la cour, comptant sur son héritage, sans pitié pour cette vieillesse transformée en décomposition.

Ce vieux paillard hante les églises. Tout le monde l'a connu athée et matérialiste. Mais, pour remplir le poste qu'il occupe, on voulait un homme bien pensant. Il s'est converti au Dieu qui lui faisait des rentes.

Saluez! Voici l'une des colonnes du temple. Qui ne devinerait un grand à cette figure ennuyée et insolente? Ses domestiques assurent qu'il a du génie. Mais il tient ce génie en réserve et il ne le montre qu'aux intimes, après souper, entre la poire et le fromage. C'est un homme dégoûté de tout et incapable, et qui ne serait pas fâché qu'on prît son impuissance pour du dédain. Il promène ses ennuis à droite et à gauche, pour s'étourdir; il se montre en plein boulevard avec des filles publiques, tout fier d'étaler le seul de ses vices qui n'ait point sa source dans une incapacité.

Ce brouillon n'est pas méchant homme. On le

dit convaincu. Il est attelé au char du Progrès. Il va, il vient, il travaille, il souffle, il écrit, il parle, il s'agite. Vous le voyez partout; vous le rencontrez partout; vous lisez sa prose dans toutes les feuilles publiques. Et quelques naïfs le saluent du nom de : grand esprit! Ce n'est que le hanneton du coche.

Quelle foule! Le proxenète y coudoie l'escroc; l'escroc y coudoie l'assassin. Le faussaire s'y montre, le parjure s'y fait remarquer, et le renégat y resplendit. Une figure domine les autres, plus odieuse encore et plus repoussante : celle d'un homme du monde, chauve et moustachu, vaudevilliste manqué qui a eu des succès dans la politique. Que Dieu fasse paix à son âme! Il est mort, et ce n'est plus qu'un aigle empaillé.

La France les regarde stupéfaite. Elle se réveille d'un long sommeil. On parlait bas, dans la crainte de l'éveiller. Elle ne savait rien; elle ne s'apercevait de rien. La presse, qui fait l'office de balayeuse, ne pouvait point lui montrer toutes ces pourritures ni l'aider à les jeter à l'égout. Et maintenant que la France est plus libre et qu'elle respire, elle s'étonne, et elle frémit, et dans des moments de colère elle tâche de secouer sa vermine.

C'est que lorsqu'un peuple s'est privé long-temps de la liberté, qu'il a laissé bâillonner la presse, qu'il a fermé la bouche à ses conseillers, qu'il a prié ses orateurs de se taire, et qu'il a demandé qu'on fît le silence autour de lui, tout ce qu'il y a d'immonde et de répugnant sur la terre, fleurit en paix et s'étale joyeusement au soleil. Nulle voix ne s'élève plus pour crier au coquin : tu es un coquin! au voleur : tu es un voleur! au bandit : tu es un bandit! Et le bandit, le voleur, le coquin et leurs complices viennent s'asseoir au milieu des honnêtes gens, et s'installent dans la société. Leurs crimes qu'on ne signale plus, ne sont plus remarqués. Ils corrompent tout ce qui les approche et leur infamie, comme la lèpre, se répand peu à peu, sur tout le corps social.

On a parlé souvent des excès de la liberté. Quels excès sont plus funestes que son absence? Quels excès produisent cette langueur qui parfois s'empare des nations et qui les conduit de l'indifférence à l'abrutissement et de l'abrutissement à la mort? Ce n'est point impunément qu'un peuple s'arrête en chemin. Le repos lui ôte de ses forces, loin d'y ajouter. Il s'engourdit, il s'amollit, il perd cette énergie précieuse qui le rendait fidèle à ses devoirs et jaloux de ses droits. Il s'abandonne; il se laisse conduire; il se tait. Et quand enfin il veut rentrer en possession de lui-même, il se sent effrayé de son incommensurable faiblesse. La raison lui manque autant que le courage. Son esprit flotte indécis entre des rêveries absurdes et l'offre d'un servage éternel. O peuple! qu'as-tu fait alors, de ton bon sens et de ta fierté? Voilà que tu es inquiet et désolé, et que tu as perdu ta route. Et tu cherches, pour te guider, un nouveau point à l'horizon, une nouvelle étoile au ciel. Le doute te ronge et le découragement s'est emparé de ton cœur. C'est là le malheur irréparable. Peut-être est-ce le châtiment?

LES AIGLES

DU CAPITOLE

I

L'aurons-nous? Ne l'aurons-nous pas? C'est la question depuis deux ans. Il s'agit de la guerre. A huit heures du matin, elle est déclarée. A huit heures trois quarts, elle est finie; à neuf heures, elle recommence; à dix heures, l'horizon politique est sans nuages. Vous êtes à table. A la première cuillerée de soupe, nos soldats marchent sur le Rhin. Les grandes puissances européennes s'embrassent au moment où vous attaquez le fromage. On n'a plus le temps de déjeuner.

C'est réglé comme du papier de musique. Les

feuilles du matin vous apportent régulièrement la nouvelle que la Prusse vient d'inventer une canardière qui détruit vingt-cinq mille hommes d'un coup ; régulièrement aussi, dans la journée, vous apprenez que quelqu'un (n'importe qui : tantôt celui-ci, tantôt celui-là) a fait une déclaration pacifique ; régulièrement encore, le soir, un conflit redevient imminent. Et cela jusqu'au moment où paraît le *Journal officiel*, qui annonce tous les soirs, avec un entêtement digne d'éloges, le retour de la tranquillité. Quelquefois cependant le *Journal officiel* paraît trop tôt. Ces jours-là la paix est conclue une demi-heure environ avant le commencement des hostilités.

C'est très-commode, quand on est prévenu. Les montres deviennent inutiles, et les déclarations de guerre remplacent avantageusement le canon du Palais-Royal. Vous rencontrez dans la rue un de vos amis, effaré :

— Nos troupes envahissent la Prusse Rhénane ! Je viens de l'entendre dire.

— Pour la seconde fois ?

— Oui, mon cher, pour la seconde fois !

— Ah ! bon ! Alors il doit être cinq heures. Je vais dîner.

Nous finirons par prendre l'habitude de nous
régler là-dessus comme nous nous réglons sur
l'horloge de la Bourse. Je ne doute pas non plus
que la majorité des Français ne sache beaucoup
de gré au gouvernement de lui avoir fourni un
moyen si commode de savoir l'heure. La sécurité en est peut-être un peu troublée. Mais
qu'importe? nous n'y regardons plus de si près.

C'est surtout agréable pour les employés.
J'en connais un, entre autres, à qui les seuls
organes du gouvernement tiennent lieu de pen-
dule. Il lit, avec religion, le *Journal officiel*,
et, quelquefois le matin, on l'entend crier à sa
cuisinière :

— Allons, Catherine! Vous êtes en retard,
mon enfant. La paix est faite avant mon café au
lait.

Nous sommes, à vrai dire, inondés de déclarations pacifiques. La déclaration pacifique est
à la mode, comme autrefois la potichomanie,
comme aujourd'hui le vélocipède. M. Rouher,
M. Magne, M. Dréolle, M. Vitu, M. Peyruc,
le *Moniteur*, chacun fait sa petite déclaration
pacifique. On serait tenté de croire, parfois, que
c'est un concours de composition française. Les
jeunes élèves feront bien, aussi, de soigner leur

style. C'est au style surtout que s'intéresse le public. Le public n'est pas aussi bête qu'il en a l'air. Tout en dégustant ces périodes sonores, il fait cette réflexion pleine de sens :

— Si le gouvernement voulait la paix, il le dirait, sans nul doute. Mais s'il voulait la guerre, certainement il ne le dirait pas. On ne dit pas à ses ennemis : Je vais joliment vous surprendre; attendez seulement que je sois prêt. Un chasseur a vu un lapin, dont il compte faire une gibelotte. Il est clair qu'il ne se croira pas obligé, un mois à l'avance, de prévenir le lapin de ses intentions.

Dire que nous jouissons d'une quiétude absolue, ce serait peut-être s'avancer beaucoup. Ce qui me fait plaisir au milieu de tout cela, c'est de penser que nos voisins, grâce à nous, ont goûté à peu près les mêmes plaisirs. Voici l'Espagne, par exemple; elle a marché longtemps sur nos traces et la liberté de la presse y a été aussi complète qu'en France. Un journal de Madrid s'était permis d'imprimer, sous le règne d'Isabelle, un éloge des femmes maigres. L'article fut incriminé : l'autorité y avait vu une « allusion offensante pour la Reine ».

Cela se conçoit. Quand on possède une souveraine grasse, la maigreur devient subversive; de même que lorsqu'on a une reine maigre, la graisse des autres dames pactise avec la révolution. C'est un effet tout naturel des passions politiques. Les vieux partis ne sont pas étrangers à ce phénomène. On les en accuse avec raison. Vanter les charmes d'une femme plate de tous les côtés, comme une planche, c'est se livrer à une critique amère des bases larges et libérales sur lesquelles la puissance souveraine est assise. Cela ne se peut tolérer. Supposez un pays dont le souverain aurait de petites jambes, légèrement cagneuses. Il serait de la dernière inconvenance de faire l'éloge des cercles de tonneau.

Je ne comprends même pas comment les autorités espagnoles ont laissé des femmes maigres se montrer dans les rues. Je ne comprends pas, non plus, comment les simples citoyens ont osé donner le bras à des femmes maigres. Ils devaient avoir l'air d'arborer l'étendard de la révolte.

J'espère aussi que les maris surveillaient les couturières, s'occupaient de leurs femmes et ne leur permettaient qu'une maigreur relative. C'est qu'il fallait y regarder. Je sais que, pour ma part, si j'avais habité ce pays béni du ciel, je ne me serais pas gêné pour dire à mon épouse :

— Ma chère amie, va mettre ton « petit ventre » ; sans cela, tu aurais l'air d'une allusion offensante.

Mais c'est un peu là le désavantage de tous les pays où la pensée n'est pas entièrement libre. On dit aux gens :

— Vous ne vous occuperez pas des affaires de l'État.

Et l'on croit avoir tout fait ; on s'imagine ne plus rien entendre de désagréable. Erreur profonde ! La presse n'est pas plus bâillonnée qu'auparavant. Elle fait de l'opposition avec des os à moelle. Tout lui sert, tout lui convient. Et, un beau jour, le pays est en rumeur ; les « mauvaises passions » se déchaînent ; le trône est ébranlé ; il vient de se passer un événement terrible : le parti libéral s'est jeté à corps perdu sur les femmes maigres ; le parti conservateur a voulu défendre les femmes grasses, et il s'est formé un tiers parti qui a arboré les femmes entrelardées.

Je ne sais pas si, en France, nous sommes destinés à voir soulever, par nos hommes d'État, d'aussi importantes questions. En attendant, nous avons, pour nous édifier et nous divertir, le pèlerinage de Saint-Cloud.

J'avoue que je ne savais pas qu'il y eût à Saint-Cloud un pèlerinage. J'avais bien vu des gens revenir de Saint-Cloud avec des mirlitons et des crécelles. Il m'avait semblé même que les romances qu'ils chantaient ne ressemblaient point à des cantiques. Je ne me doutais pas que ces gens fussent des pèlerins.

J'allais plus loin; je supposais que, si l'on gagnait des indulgences à Saint-Cloud, elles étaient en pain d'épices, et je croyais même qu'on ne les gagnait qu'à la toupie hollandaise. Je me trompais. Saint-Cloud possède un bel et bon pèlerinage. Je regrette qu'il se trouve si près d'une foire. Les visiteurs peuvent s'égarer, et porter leur repentir aux pieds de la femme à barbe. Probablement les gens du pays prennent la peine de les éclairer.

— Bon pèlerin, allez à droite, c'est le pèlerinage; mais si vous tournez à gauche, vous trouverez les chevaux de bois.

Le pèlerinage est très-suivi, et des bandes de dévots se rendent tous les jours à Saint-Cloud, soit par le chemin de fer, soit par les bateaux, soit par l'omnibus.

Certes, je ne trouve pas mauvais qu'il y ait un pèlerinage à Saint-Cloud. Le sentiment qui y conduit tant de personnes peut être fort respectable. Je conviens même que, pour ma commodité personnelle, j'aimerais mieux un pèlerinage à Saint-Cloud qu'à la Mecque ou à Jérusalem. S'il est doux de se laver de ses fautes, c'est surtout quand on est sûr de rentrer chez soi, à l'heure du dîner, par le train de cinq heures.

Je me dis seulement que les Parisiens, qui, pour la plupart, sont de grands pécheurs, n'ont pas grand mal à se donner pour obtenir l'oubli de leurs crimes. Quand il s'agit, comme par exemple, à Notre-Dame-de-Fourvières, de monter sur les genoux une montagne, c'est pénible ; mais quand il s'agit de prendre à la gare de l'Ouest un billet d'aller et retour, la chose me semble assez douce. Je sais que les gens condamnés par la cour d'assises ne se plaindraient pas, s'ils lisaient un jour dans les *Petites Affiches :*

PARDON COMPLET

SITUÉ NON LOIN DE PARIS, A PROXIMITÉ D'UN

CHEMIN DE FER

Cinquante centimes en troisième.

II

Décidément, c'est trop d'émotions ; nous n'en pouvons pas supporter davantage ; nous sommes, sans cesse, entre la vie et la mort. Tout cela à cause de ces diables de voyages du prince Napoléon ! Voilà qu'on nous annonce, encore, pour la quarante-troisième fois, je les ai comptées, qu'ils prennent des proportions inattendues.

« On craint que le prince, en allant en Orient, ne réveille les nationalités. »

La phrase est peu compréhensible, mais on tremble. Mon Dieu, pensons-nous, le prince est lancé, maintenant, rien ne l'arrêtera. Il va bouleverser l'Europe, changer la face du monde. A peine en Orient il poussera le cri de guerre. Nous nous jetons sur les journaux. Nous cherchons le cri de guerre. Nous lisons :

« Le prince s'est écrié avant hier :

— Je crois qu'il pleuvra ce soir ! »

Cette phrase n'a pas réveillé les nationalités. Ce sera pour une autre fois. Le lendemain nos angoisses recommencent. Une dépêche apporte cette nouvelle :

« Le prince a égaré sa tabatière. »

— Ah ! mon Dieu ! Qu'est-ce qu'il y avait dedans ?

— Trois sous à priser.

Ça pourrait amener des complications terribles. La Rente baisse ; M. Baudrillard pond un article ; le *Journal officiel*, qui veut rassurer les populations, tait ce fait important. Enfin un courrier arrive. Nous sommes sauvés :

« Un inconnu a trouvé la tabatière du prince. »

- Deux jours après, on nous porte un nouveau coup. Tout cela n'était rien. Un correspondant de journal politique écrit à son directeur :

« Hier, en passant dans la rue, le prince a ouvert son parapluie... »

Ah ! mon Dieu ! quelle imprudence ! C'est bien de lui ; il n'écoute que ses volontés ; il brave tout. Qu'est-ce qu'une pareille action peut amener ? Quels désordres, quelles complications ne nous montre-t-elle pas dans l'avenir ? Et les feuilles officieuses elles-mêmes sont forcées de convenir que le prince va trop loin.

Heureusement le même correspondant nous rassure :

« Le mouvement du prince n'a pas, comme
on le craignait, troublé le sommeil des nationalités. Il y en a bien une qui s'est réveillée; mais
aussitôt après, elle s'est rendormie. A l'heure
où j'écris, elle ronfle. »

Le calme redescend dans nos âmes. Mais
attendez! Son Altesse entre en Turquie, et nous
sommes plus perplexes que jamais.

On va le présenter au grand-vizir. S'il allait
le prendre pour un dynamomètre? Le prince,
apercevant une tête de Turc, est capable de
vouloir amener le 5oo.

Telle est la situation, et elle est grave. Cependant, je dois l'avouer, je suis tranquille. Oui, j'ai
la ferme conviction que le prince reviendra
sans que nous ayons le moindre cataclysme à
déplorer. Il ne réveillera pas les nationalités,
parce qu'on l'a prié de les laisser faire leur
somme; il ira simplement au théâtre, et l'Europe ne tremblera pas en le voyant dans une
avant-scène.

Il visitera Bucharest, Constantinople et Athè-
nes; il s'entretiendra avec tous les souverains
de l'Orient; mais il ne parlera point politique, parce qu'on l'a, je crois, prié de ne pas
aborder ce sujet; en somme, il se distraira beau-

coup et ne fera rien. Après quoi, il prendra le bateau à vapeur et reviendra à Marseille, fier à juste titre d'avoir rempli dignement la plus importante mission qui lui ait été confiée.

L'Europe regorge, en ce moment, de diplomates inoffensifs. On se souvient du comte Platen. Le comte Platen passe depuis deux ans pour travailler à l'abaissement de la Prusse. L'autre jour on fait une perquisition chez le comte Platen, et l'on s'aperçoit que tout ce qu'il avait imaginé pour rendre le trône au roi son maître était de faire composer, par un écrivain public, un poëme épique en douze chants.

Je me demande comment, à l'aide de ce poëme épique, le comte Platen espérait reconquérir le Hanovre. Comptait-il y entrer à la tête de douze mille vers, avec une préface à l'aile droite et une table des matières à l'aile gauche? Il y avait de quoi non pas réveiller, mais endormir les nationalités.

En vérité, les diplomates sont de drôles de gens. On est habitué à les considérer comme des esprits supérieurs qui emploient leur temps à refaire la carte d'Europe, à régir l'univers, à lutter contre la destinée, à corriger les fautes du bon Dieu. Ils tiennent dans leurs mains la paix et la guerre, et d'un signe ils peuvent anéantir les nations. Le peuple les regarde passer au-dessus de lui, le front dans les nuages, coiffés de tricornes et vêtus d'habits brodés; il les croit supérieurs à l'espèce humaine, et il se dit : Ce sont les archanges officiels ! Cependant l'un d'eux vient à tomber; on pratique des fouilles dans sa vie privée, et comme les mortels stupéfaits demandent en tremblant :

— Que faisait-il pour la paix du monde?

Les gens qui ont pratiqué la fouille sont obligés de répondre :

— Il faisait des cocottes en papier.

Nous avons, en France, mieux que le comte Platen. La *Revue de l'instruction publique* en fournit la preuve :

L'antiquité admirait les métamorphoses de Jupiter. Nous avons maintenant les métamorphoses de M. Duruy, et métamorphoses pour métamorphoses, j'aime autant ces dernières que les autres. Chaque jour la *Revue de l'instruction publique* nous en conte de nouvelles. Chaque jour elle brode de nouvelles variations. Voici le thème :

« Hier dans la soirée, un inconnu, soigneusement enveloppé d'un long manteau couleur de muraille, coiffé d'un feutre tyrolien orné de rubans verts, s'est présenté chez le proviseur du collége de ***. Sa première question, en entrant dans les salles d'études, fut celle-ci :

« — Les enfants sont-ils bien traités?

« A quoi le proviseur répondit :

« — Fichez-moi la paix.

« Alors l'inconnu écarta son manteau, ôta son feutre tyrolien, déposa sa carabine, et se montrant aux yeux de tous en costume officiel, s'écria :

« — Je suis le ministre de l'instruction publique! »

Là-dessus, comme vous pensez, le proviseur est dégommé. A en croire les journaux officieux, les proviseurs dégommés pullulent.

Il y en a des bottes. Je me demande ce qu'on en fait. Pour plus de vraisemblance, l'histoire devrait se terminer comme les fables mythologiques : « Le proviseur, en punition de ses crimes, fut changé, par le Dieu, en constellation et c'est lui qui se promène dans le ciel, sous le pseudonyme de la *Grande-Ourse.* »

Chaque jour on ajoute quelque chose à ce vieux fond. Tantôt M. Duruy s'introduit dans le lycée déguisé en « parent d'élève », tantôt il vient

en frotteur et tantôt en porteur d'eau. Il interroge adroitement; mais il arrive toujours un
moment où le proviseur lui dit :

— Fichez-moi la paix !

Alors le frotteur pose sa cire et répond :

— Je suis M. Duruy.

Ou le porteur d'eau retire sa veste en s'é-
criant :

— Fouchtra ! que je chuis le minichtre de
l'inchtruchtion publique !

Ces anecdotes sont bien connues dans l'Uni-
versité. On m'assure qu'un proviseur de collége
— un homme craintif et prudent — entretient
depuis un mois un commissionnaire — qui était
venu lui apporter une malle, — persuadé que ce
commissionnaire est le Jupiter de l'instruction
publique. Il persiste même à l'appeler : « Excellence, » à quoi le commissionnaire ne peut pas
s'habituer.

Le fait est que, si j'étais proviseur, je tremble-
rais. M. Duruy est partout, comme le solitaire.
Un jour on ouvre un placard : M. Duruy se
trouve dedans ; on retourne un matelas : on
aperçoit M. Duruy sous le traversin. Aujour-
d'hui M. Duruy sort d'un buffet ; hier il s'élan-
çait d'un garde-manger. Les proviseurs, pour

n'être point pris en défaut, sont, avant de se
coucher, obligés de regarder sous les meubles.

Ces légendes se répètent déjà le soir, à la
veillée. On en parle sous le chaume. M. Duruy,
la providence des enfants, devient le pendant et
le rival de Croquemitaine. En Bretagne, on raconte que M. Duruy se promène le soir dans les
châteaux inhabités. On entend des bruits de
chaînes. C'est le ministre qui tourmente les proviseurs négligents.

Mais la *Revue de l'instruction publique* ne
sait pas tout ! Voici ce que j'ai entendu raconter
dans une cabane de pêcheurs, au fond du Mor-
bihan, pendant une nuit d'hiver :

Depuis longtemps les élèves du collége de *** se
plaignaient de la nourriture, et le proviseur refusait de faire droit à leurs réclamations.

Un soir de la semaine dernière, l'horloge venait de sonner six heures; la nuit approchait,
quand la cloche du dîner se fit entendre. Personne ne pouvait prévoir un événement extraordinaire; le proviseur était calme. La cuisinière
apporta des haricots.

Cette femme n'avait pas remarqué un haricot
plus gros que les autres qui s'était furtivement
glissé dans le plat, tandis qu'elle montait l'escalier.

A peine les convives étaient-ils assis que commença la scène étrange dont nous essayerons de donner une idée à nos lecteurs :

UN ENFANT, *bas, à un de ses camarades.* — J'aime pas ça. On nous en sert tous les jours.

LE GROS HARICOT, *qui s'est furtivement glissé dans le plat, se penche vers l'enfant, et, d'une voix douce.* — Plaignez-vous !

L'ENFANT, *tout haut.* — J'aime pas les haricots !

LE PROVISEUR, *sévèrement.* — Mangez-en. Ça forme la jeunesse !

LE HARICOT, *à l'enfant.* — Courage !

L'ENFANT. — J'en veux pas, na ! Ils sont gâtés !

LE PROVISEUR. — C'est faux !

LE HARICOT, *élevant la voix.* — L'enfant a dit vrai !

LE PROVISEUR, *surpris.* — Que veut cet étranger ?

LE HARICOT, *fièrement.* — Vous rappeler à vos devoirs !

LE PROVISEUR. — Qui êtes-vous ?...

LE HARICOT, *se cabrant.* — Ne me le demandez pas !

LE PROVISEUR. — Je veux le savoir !

LE HARICOT, *avec une simplicité sévère.* — Je suis le ministre de l'instruction publique!

(*Il ôte sa pelure et paraît revêtu du costume officiel.*)

LE PROVISEUR, *tombant à genoux.* — Grand Dieu!!!

LES ENFANTS, *en chœur.* — Vive M. Duruy!

(*A ce moment, le fond du réfectoire s'entr'ouvre et laisse voir la rue de Grenelle éclairée par des feux du Bengale. Des éclairs sillonnent le ciel. Un char de feu en descend traîné par M. Genteur. M. Robert est attelé en flèche.*)

LE HARICOT, *montant sur le char de feu.* — Mon devoir me réclame au Sénat. Je vous pardonne!

III

On vient de placer le buste d'Alfred de Musset dans le foyer de la Comédie-Française. L'auteur de *Rolla* ne se trouvera point en mauvaise com-

pagnie. Molière, Rotrou, Corneille et Racine l'en-
tourent ; Voltaire, du haut de cette corbeille de
marbre, — qui ressemble à une baignoire, — où
on l'a juché, le considère d'un œil bienveillant.
Peut-être le sculpteur n'a-t-il pas rendu toute la
finesse de la physionomie de l'illustre poëte. Une
sorte d'ironie hautaine était répandue sur tous
ses traits, et cette ironie se retrouve à chaque
instant dans ses œuvres. Son génie, comme son
visage, avait quelque chose d'impertinent.

On aurait, certes, bien étonné les bourgeois de
1831, si on leur avait dit que trente-six ans plus
tard, Alfred de Musset, placé comme Molière
sur un socle de marbre, prendrait place parmi les
auteurs dramatique dont la Comédie-Française
conserve religieusement la mémoire... et le buste.
On venait alors de jouer à l'Odéon la *Nuit vénitienne*, et jamais chute plus effroyable n'avait
plongé directeur, acteurs et auteur dans un désespoir plus morne. J'ai relu, dernièrement,
cette fameuse *Nuit vénitienne*. La pièce étincelle de beautés de premier ordre, et, en vérité,
l'on ne s'explique guère aujourd'hui les suscep-
tibilités du public d'autrefois. Ce qu'il considérait
comme d'une audace est devenu, pour nous, chose
toute naturelle. Nous en avons tant vu et tant

entendu depuis! Quoi qu'il en soit, dès les premiers mots, les sifflets se firent entendre; à la fin de la première scène, on riait, on criait, on vociférait d'une façon formidable. Tout à coup un spectateur se leva, et interpellant l'actrice qui était en scène :

— Attendez! dit-il.

Et pendant cinq minutes au moins la salle entière se tint les côtes. J'ai cherché, mais en vain, ce qui avait pu causér cette hilarité prolongée. Le ridicule a sans doute ses modes, comme la toilette, et ce qui semble risible à une génération paraît sublime à celle qui la suit.

On arriva enfin à cette phrase :

« Le soleil du jour de ta naissance était-il donc si pâle que le sang soit glacé dans tes veines? »

Ce fut une explosion de hurlements. Oh! non! oh! jamais! criaient les spectateurs de l'orchestre qui ne connaissaient pas encore M. Victor Séjour. C'est trop fort! disaient les belles dames de la galerie. Et l'on recommençait à rire; et l'on trépignait; et l'on vociférait de plus belle. Quelques poëtes de la nouvelle école, éparpillés sur les bancs du parterre, essayaient, mais en vain, de lutter. Ils étaient conspués.

— Qu'on nous ramène à Campistron! hurlait un critique. Il fut impossible d'entendre le dénoûment. La foule, pourtant, se pressait l'autre jour, respectueuse, devant le buste du poëte. Et, dans cette foule, combien de gens se trouvaient qui, autrefois, l'avaient outrageusement sifflé? Chose curieuse! On m'a montré dans un groupe, pérorant, et déclarant tout haut Musset le plus grand écrivain du siècle, le même critique, à qui l'on attribue cette apostrophe audacieuse : Qu'on nous ramène à Campistron!

J'ai vu autrefois M. de Musset et j'avoue que son buste ne me l'a pas rappelé. Il est vrai que lorsque je l'ai vu, sa figure avait perdu de son charme; ses traits s'étaient alourdis et hébétés. Il était déjà sous l'empire de cette sorte d'aliénation mentale, qui a été pour lui comme le prélude de la mort. Jamais, bien que je fusse tout jeune alors (à peine avais-je sept ou huit ans), je ne perdrai le souvenir de cette rencontre; jamais, je crois, je n'y songerai sans tristesse, j'allais dire sans dégoût, et sans un profond serrement de cœur. C'était dans un petit port de Bretagne, près de l'embouchure de la Loire, au Croisic, où l'on m'avait emmené, pendant les vacances, pour prendre des bains de mer. Du pays et de

ses habitants, il ne m'est pas resté grand'chose.
Tout ce dont j'ai gardé mémoire, c'est que dans
la chambre de l'hôtel, placée au-dessus de la
nôtre, habitait un voyageur qui sortait peu le
jour, mais que l'on entendait toutes les deux
heures environ crier sur l'escalier. Cette voix
m'est, pour ainsi dire, restée dans les oreilles :
une voix éraillée, caverneuse, effrayante et qui
faisait trembler les vitres des fenêtres. Elle appelait régulièrement et toujours sur le même ton :
—La bonne ! Puis, après une pause, pour laisser
à la domestique le temps de répondre, elle
ajoutait d'un accent plus sourd :

— De l'eau-de-vie !

Un soir, enfin, qu'on m'avait conduit sur le
port, où les marins allaient et venaient, où les
gens de la ville prenaient l'air, j'aperçus le voyageur de l'hôtel. Il était assis, au milieu du
quai, sur un pavé de grès ; son corps, incapable
de se tenir ferme, oscillait à gauche et à droite ;
ses bras pendaient, inertes, jusqu'à terre ; sa tête
roulait d'une épaule à l'autre. On voyait, par
l'ouverture de sa chemise déboutonnée, sa poitrine nue ; son chapeau gisait à quelques pas de
lui ; sa redingote, souillée de poussière et de
boue, montrait çà et là de larges déchirures. Il

était ivre ! épouvantablement ivre ! La honte
même ne le touchait plus. Parfois il levait sur les
passants un œil atone, vitreux et semblable à
celui d'un poisson mort. Puis, il essayait de se
relever ; sa bouche s'entrouvrait, et, alors, malgré
les hoquets et les défaillances de sa voix, sous
l'influence de je ne sais quel rêve affreux, il réci-
tait des vers ! Lesquels ? Je ne me souviens plus.
Ceux de *Rolla*, peut-être !

La foule s'était amassée autour de lui. Les
matelots le regardaient d'un air goguenard ; les
enfants du port et les gamins de la ville, filles et
garçons, avaient formé un grand cercle, et se
moquaient de lui, et l'insultaient ; et, comme
j'arrivais, je les vis se prendre par la main et se
mettre à danser autour de ce malheureux, qui
leur jetait ses strophes inachevées, une ronde
furieuse qu'entrecoupaient des cris de joie et
qu'accompagnait une chanson obscène. Je me
souviens aussi que la personne qui me conduisait se pencha vers moi et me dit :

— Regarde bien cet homme ivre qui est là, et
tâche de retenir son nom : il s'appelle Alfred
de Musset.

Je ne connaissais ni *Rolla* ni *les Nuits ;* ni *le
Caprice* ni *les Confessions d'un enfant du siècle ;*

mais il y avait, dans cette scène, quelque chose de si navrant et de si odieux que j'en fus frappé. Et le souvenir m'en est resté, et il m'en restera éternellement, amer comme le premier jour.

Si le Sénat, à l'instar de la Comédie-Française, élevait des statues à tous les hommes qui l'ont illustré, il oublierait peut-être sur sa liste M. Sainte-Beuve. Je ne comprends guère, je l'avoue, la répulsion que ce grand écrivain, le critique le plus autorisé du siècle, inspire à nos pères conscrits. Ils ne peuvent pas le voir, ils ne peuvent pas même l'écouter. La semaine dernière, on annonçait à un sénateur qu'il aurait bientôt l'honneur d'entendre un discours de M. Sainte-Beuve:

— Je ne sais s'il le prononcera, fit le sénateur; mais, à coup sûr, nous ne l'entendrons pas.

C'était, comme vous voyez, un parti pris. Ce sénateur, à vrai dire, ne passe point pour très-lettré. Il était déjà quelque chose à la Chambre, sous le gouvernement de Juillet. Et, comme un jour il avait osé aborder la tribune, le roi Louis-Phillippe, touché de ses efforts, voulut bien le féliciter.

— Cher monsieur, lui dit-il d'un ton légèrement ironique, vous avez parlé comme Démosthènes !

L'orateur se rengorgea.

— Je n'ai pas la prétention, Sire, répondit-il. d'avoir l'éloquence de Démosthènes, mais, à coup sûr, j'ai hérité de son amour pour son roi !...

Notre loi sur la presse a ému, non-seulement le Sénat et le Corps législatif, mais Paris et la France entière. On me raconte à ce sujet une histoire assez curieuse, dernièrement arrivée à un journaliste officieux, un vieux de la vieille, un dévoué de la première heure, que M. Rouher protége, soutient et pousse depuis qu'il est au pouvoir.

Donc, ce journaliste, bon homme au fond et assez spirituel à ses heures, avait, jusqu'à ce moment, tout approuvé, tout loué, tout trouvé admirable, comme il convient à un homme dévoué et plein de zèle. La loi sur la presse glaça son enthousiasme. Pourquoi ? Je l'ignore. Il la crut malheureuse, mal venue, défectueuse, et il voulut le dire. Mais où ? Dans les journaux agréables ? On ne l'aurait point permis. Dans les feuilles de l'opposition ? Sa signature n'y pouvait point décemment figurer. L'idée lui vint de mettre au jour une brochure et, sans plus tarder, le voilà à l'œuvre :

« C'est à moi, vétéran de la presse et l'un de ses représentants les plus humbles, qu'il appartient de revendiquer les droits imprescriptibles de la pensée, etc. »

L'inspiration arriva. Il se laissa entraîner par ses convictions; il couvrit douze pages *in-folio* et enfin il courut chez Dentu qui l'imprima. Mais, alors, le remords le prit. Cette brochure, qu'il avait composée pour éclairer l'esprit du ministre, n'allait-elle pas lui en faire un ennemi, le brouiller avec son bienfaiteur, le poser en adversaire du pouvoir? Perplexité atroce! Une sueur glacée couvrit le front de l'audacieux publiciste. Le vin était tiré : il fallait le boire!

— M. Rouher, pensa-t-il, saura tôt ou tard que je suis l'auteur de cette brochure. Il me la pardonnera d'autant moins que je ne lui en aurai point parlé. Autant la lui envoyer tout de suite. Quand on fait un acte d'indépendance, il faut le faire courageusement, même si on le regrette.

Il mit sa brochure à la poste, stoïquement, puis il rentra chez lui sombre et satisfait comme un homme qui vient de se dévouer pour ses concitoyens.-« C'est fini! dit-il le soir à ses amis. J'ai rompu. Voilà ce que c'est que d'écouter la voix de sa conscience. La colère du ministre sera terrible. Je n'ai qu'une peur : c'est de passer pour un ingrat. »

Ses amis essayèrent en vain de le rassurer. Il n'écouta rien. Peu à peu il devint morose, colère, insupportable. Enfin, la fièvre le prit et il fut obliger de s'aliter. On fit venir une garde-malade et pendant huit jours, en proie à un délire furieux, il ne cessa de répéter :

— La, conscience ! Oh ! la conscience ! j'ai rompu avec mon bienfaiteur !

Tout est fini !

Il entra en convalescence. Le médecin lui recommanda la distraction, le grand air, la promenade. Il prit l'habitude d'aller tous les matins aux Champs-Élysées. Or, une fois qu'il était sur sa chaise à regarder les voitures, un de ses confrères, un officieux comme lui, vint à passer. Il l'aborde:

— Mon ami, lui dit-il, y a-t-il longtemps que vous n'avez vu le ministre?

— Je sors de chez lui.

— Il vous a parlé de ma brochure?

— Vous avec donc fait une brochure?

— Certainement. Il ne vous a rien dit?

— Non.

— Alors il vous a parlé de moi ?

— Pas du tout.

— C'est étrange, pensa notre publiciste. Évidemment il dissimule.

La force lui revint, mais non la gaieté. Pour se distraire il allait faire de grandes courses dans Paris. Le hasard le conduisit un jour devant la porte du Corps législatif. Coïncidence bizarre ! A ce moment M. Rouher descendait de voiture. Le journaliste chancela, M. Rouher vint à lui.

— Hé, mon cher ! voilà bien longtemps qu'on ne vous a vu !

— Excellence....

— Hé bien, mais il paraît que vous nous avez donné un coup d'épaule....

— Un coup d'épaule ?...

— Oui. Votre brochure !... C'était très-bien... Seulement vous vous répétez trop. Nous en recauserons. Adieu.

Le journaliste demeura abasourdi. Un coup d'épaule ! des remercîments ! Quel pouvait être ce mystère ?...

Il sauta dans un fiacre, se fit conduire chez le ministre, et courut au cabinet du secrétaire.

— Son Excellence a dû recevoir une brochure de moi ?

— Oui, monsieur. Vous la trouverez-là, dans les papiers.

L'auteur la cherche ; il l'aperçoit, il l'ouvre :

« C'est à moi, vétéran de la presse, et l'un de ses représentants les plus humbles, etc., etc. »

Mais, ô surprise ! Il tourne le feuillet et regarde la seconde page.

La seconde page commence ainsi :

« C'est à moi, vétéran de la presse, et l'un de ses représentants les plus humbles, etc. »

Inquiet, il jette les yeux sur la troisième, et sur la troisième, il lit :

« C'est à moi, vétéran de la presse... etc. »

Stupéfaction ! La quatrième reproduit la troisième, et les pages suivantes reproduisent la quatrième !

Le *brocheur* avait commis une grosse bévue. Il avait réuni douze premières pages dans un même exemplaire, et c'est cet exemplaire que l'auteur avait envoyé au ministre !

Le malheureux publiciste n'était point cependant au bout de ses peines. D'autres brochures avaient pu se vendre ; elles pouvaient, un jour ou l'autre, tomber sous les yeux de M. Rouher, qui connaîtrait alors la vérité. Il redescendit quatre à quatre, remonta dans sa voiture et se fit conduire chez Dentu.

— Avez-vous encore, demanda-t-il, la brochure de M*** sur la nouvelle loi?

— Monsieur, répondit le commis, il ne nous en manque qu'une seule. L'auteur l'a envoyée au ministre.

M*** ne s'est pas brouillé avec le gouvernement.

IV

A propos de la reine Isabelle et de ce M. Marfori, si séduisant, paraît-il, le *Monde* vient d'émettre une idée, si honnête, si pleine de sens, si excellente, que nos lecteurs ne manqueront pas d'en être frappés.

« Ne devrait-on pas, dit-il, exiger des souverains des certificats de bonne vie et mœurs, ou au moins quelque chose d'approchant? »

Voilà qui me semble on ne peut mieux pensé. On exige des certificats de tout le monde, comme on exige des serments. Un professeur ne peut pas enseigner cinquante marmots sans être muni d'un certificat; un employé destiné à tailler toute sa vie des plumes doit prouver, auparavant, qu'il est homme à les respecter, et qu'il ne cherchera jamais à leur faire violence. Un élève de l'Ecole des beaux-arts, c'est-à-dire un jeune étudiant désireux de copier tous les jours, pendant deux heures, un bonhomme tout nu, se trouve dans la nécessité de faire certifier par le commissaire que sa vie est pure et sa réputation intacte. Un criminel ne serait pas digne de considérer ce bonhomme tout nu. Réciter l'alphabet, tailler des plumes, regarder les statues ou les réalités sans feuilles de vigne, voilà des occupations graves. Mais gouverner les peuples, commander aux nations, faire l'histoire, donner l'exemple à l'univers entier, on a l'air de croire que ce sont des fonctions peu importantes. Ceux qui les exercent ont la permission de découcher.

Or, voyons : si un souverain, par impossible, désirait résilier ses fonctions, et essayait d'entrer dans une administration quelconque, ce souverain serait la seule personne de son royaume dont on refusèrait les services, et cela à cause de son manque de certificats. Si bien que l'homme qui gouverne un peuple serait censé ne pas offrir assez de garanties pour être admis à tailler des plumes d'oie.

Je suppose un roi anonyme venant trouver, par exemple, M. Vandal. Voici le dialogue qui s'établirait immanquablement entre eux :

M. VANDAL. — Que voulez-vous, mon jeune ami ?

LE ROI. — J'étais monté sur le faîte. J'aspire à descendre. Je voudrais une place.

M. VANDAL. — Quelle place ?

LE ROI. — Facteur rural.

M. VANDAL. — Vous êtes modeste.

LE ROI. — La modestie prouve le mérite.

M. VANDAL. — Elle le rehausse. Mais avezvous des dispositions ?

LE ROI. — J'ai de bonnes jambes.

M. VANDAL. — Et les mœurs ?

LE ROI, *souriant*. — Hé ! hé ! J'ai été voir la *Grande duchesse* aux Variétés.

M. VANDAL. — J'entends : avez-vous un certificat ?

LE ROI. — On ne m'en a jamais demandé.

M. VANDAL. — Alors, Sire, vous pouvez re-
tourner chez vous. Reprenez votre sceptre.
Portez, si vous voulez, la guerre dans les États
voisins. Portez la désolation chez vos ennemis.
Vous ne porterez jamais les lettres.

Le fait est que les peuples se modelant toujours sur les souverains, les souverains nous
doivent de beaux et nobles exemples. Il serait
donc assez naturel d'exiger d'eux les certificats
en question. Notez encore qu'on en exige de
semblables de tous les cochers. Or il est assez
curieux que les seuls cochers qui s'en passent
soient ceux qui conduisent le char de l'État. Je
me joins au *Monde* pour demander que le char
de l'État soit assimilé aux petites voitures.

———

V

Entre nous, je commence à avoir de l'Espagne
plein le dos. Les nouvelles de l'agence Havas se
bornent à nous faire savoir que : tantôt M. Mar-

fori met ses bagages au chemin de fer, et que tantôt il les retire ; je ne me sens pas ému outre mesure. Le drame révolutionnaire se résume dans les allées et venues de ce sac de nuit.

Il y a, cependant, beaucoup de gens que ces bouleversements extérieurs émotionnent. La semaine dernière le public tremblait pour le duc de Bade. Il tremble aujourd'hui pour la reine d'Espagne. Il tremble toujours. Il est menacé de la danse de Saint-Guy. C'est un peu la faute des journaux qui prennent les trônes ébranlés par trop au sérieux. On pourrait nous épargner ces secousses. Nous finirions même par nous amuser beaucoup si, à l'imitation de l'Agence des courses, le gouvernement avait l'idée de fonder :

L'AGENCE DES SOUVERAINS

Le matin on s'habituerait à aller regarder l'affiche. On y lirait, par exemple :

SOUVERAINS ENGAGÉS

N° 1. Duc de Bade — par Léopold-Frédéric et grande duchesse Sophie Wilhelmine.

N° 2. Reine Isabelle.

Cette agence ne différerait de l'autre qu'en un point. C'est qu'avec les chevaux on gagne à l'arrivée, tandis qu'avec les souverains on gagnerait au départ.

Le prince qui aurait quitté son trône le premier aurait droit à un objet d'art offert par le Jockey-Club.

On entrerait dans la boutique. On prendrait un numéro, et de la sorte on vivrait tranquille, et l'on pourrait s'occuper uniquement de ce qui se passe chez nous. Notez que de temps à autre nous éprouverions de douces joies; et que le jour où la buraliste nous apprendrait que notre numéro est sorti, nous pourrions nous dire en nous frottant les mains :

— Bon! l'hydre de l'anarchie triomphe. Je viens de gagner quarante sous!

Et au moins nous en finirions avec ces transes perpétuelles, et nous ne serions pas forcés d'acheter le *Moniteur* pour savoir ce qui se passe, et nous ne nous demanderions plus avec anxiété, chaque jour, à chaque heure, si tel ou tel souverain, dont la fortune a été mise à l'abri, est menacé de manger bientôt les truffes amères de l'exil !

Je ne sais si mon idée a quelques chances de

réussite. Je sais seulement que ladite agence serait bien commode en ce qu'on y trouverait des renseignements pleins d'intérêt sur les maîtres du monde. Voici le pape, entre autres. Nous serions enchantés de savoir s'il a été vraiment franc-maçon. Tout porte à croire que oui, et, pour ma part, je ne comprends pas la fureur de l'*Univers* à cette nouvelle. L'*Univers* n'aurait droit de se fâcher qu'au cas où l'on affirmerait que le pape a été mahométan.

— Vous savez, N. S. P.? C'est un ancien pacha à trois queues!

Ah! si l'on imprimait cela, l'étonnement et la colère du parti religieux me sembleraient naturels. Mais le pape franc-maçon! Voilà bien de quoi s'emporter! Nous connaissons aujourd'hui les manœuvres ténébreuses de la franc-maçonnerie. Elles consistent :

1° A porter des cordons bleus avec de petits triangles brodés en or; 2° à secourir des indigents.

Or il y a une chose à remarquer.

En 1824, le F.·. pape-roi était un pauvre et digne prêtre qui prenait sur son traitement pour donner à MM. T.·. C.·. F.·.

Aujourd'hui c'est un prêtre riche, qui a une

cour, des carrosses, une armée, un budget, et qui,
au lieu de passer sa vie à faire des aumônes,
emploie son temps à en recevoir. Je me demande
si sa situation est meilleure, et s'il n'a pas besoin
de ce qu'il a donné pour se faire pardonner ce
qu'il a reçu. Aussi ne serais-je pas surpris si,
plus tard, Saint-Pierre lui disait :

— Comme pape, j'hésiterais peut-être à vous
laisser entrer; mais si vous vous présentez
comme maçon, vous serez admis.

J'ai toujours admiré l'art de grouper les chif-
fres, mais jamais autant qu'en lisant les discussions du budget. Un orateur du gouvernement
monte à la tribune : il résulte de son discours
que nous avons trop d'argent. L'orateur de
l'opposition qui lui succède prouve vainement
que la France ruinée n'a plus même de quoi
prendre l'impériale de l'omnibus.

C'est très-amusant à lire, mais ça manque de
clarté. C'est un peu le défaut de nos hommes
d'État de tout embrouiller, soit involontaire-
ment, soit à dessein. Je sais bien que si l'on
appliquait leurs méthodes aux comptes particu-
liers, on n'en sortirait jamais. Supposons, par
exemple, un ménage parisien. Nous représente-

rons le gouvernement par Madame, c'est trop juste; l'opposition par Monsieur, et la majorité par Catherine.

MONSIEUR, *timidement*. — Ma bonne amie, je voudrais bien connaître la situation de notre caisse?...

MADAME, *d'un air pincé*. — Vous me portez sur les nerfs, avec votre caisse. En outre, vous doutez de moi. Il me suffira de parler sept ou huit heures de suite pour vous confondre.

CATHERINE. — C'est vrai! c'est cela!

MADAME. — Voici ce qu'il y a dans la caisse...

CATHERINE. — Très-bien!

MADAME. — D'abord 10 centimes, puis encore 10 centimes, enfin 5 centimes. Mettons donc : 10, 10, 5, ça fait dix mille cent cinq centimes. autrement dit : cent un francs cinq centimes. Vous m'aviez donné vingt et un sous pour aller au marché; j'ai acheté un botte de radis; il me reste cent un francs cinq centimes. Je voudrais savoir de quoi vous vous plaignez.

CATHERINE. — C'est cela! C'est vrai!

MONSIEUR. — Pardon, chère amie : 10 c.

Plus. 10

Plus. 5

Total. . . . . 25 c.

Ça fait juste cinq sous (*Dénégations de Catherine*). Je voudrais savoir ce que sont devenus les seize autres?

MADAME. — C'est bien simple, j'ai prêté à Catherine 5 sous, ci.. . . . . 5 sous

Je lui en ai, après cela, emprunté. 4 »

Elle m'en a redemandé. . . . . . 3 »

Je lui en ai repris. . . . . 4 »

Total. . . . . 16 sous

MONSIEUR. — Pardon, il me semble que ça fait toujours cinq sous.

CATHERINE. — La clôture!

MADAME. — Allez vous coucher, mon ami.

CATHERINE, *tout bas*. — Dites donc, madame, il me semble que le bourgeois n'a pas tout à fait tort.

MADAME. — Catherine, vous raisonnez comme un palmipède.

CATHERINE. — Vive l'Empereur!

VI

Bien que plusieurs mois se soient écoulés, nous sommes encore sous le coup de cette révolution étonnante, qui, sans presque verser de sang, presque sans combat, presque sans lutte, a renversé le trône d'Espagne et forcé la reine Isabelle à venir demander un asile à la France. Elle est tombée sa dynastie, ainsi qu'un décor de théâtre. A peine avons-nous eu le temps de la voir disparaître. On se serait cru à une féerie de la Porte-Saint-Martin. Comme au coup de sifflet du machiniste, la scène a changé d'aspect subitement ; un nouvel ordre de choses a remplacé l'ancien, comme une toile de fond en remplace une autre ; des trappes invisibles se sont ouvertes ; de grandes choses ont sombré ; de grandes choses ont surgi. Et dans cette catastrophe incroyable, les généraux conjurés ressemblaient à ces hommes de peine qu'on aperçoit, pendant les *changements à vue*, emportant des coulisses sur leurs épaules. Ils em-

portaient, eux, les restes d'un pouvoir décrépit ;
ils déracinaient, comme on eût pu le faire de
toiles peintes, les vieilles institutions de leur
patrie, tout ce bric-à-brac sinistre qui avait été
une constitution, un trône et une royauté.

Isabelle II n'a point trouvé de défenseur,
même parmi ceux qui l'approchaient. On avait,
à Saint-Sébastien, orné de guirlandes de fleurs
le chemin qui mène du palais à la gare. Or,
pendant les hésitations de la Reine, qui, tantôt
devait s'enfuir en France, tantôt devait rester,
un fonctionnaire de l'endroit disait à l'un de
mes amis, en lui montrant ces roses qui se fa-
naient lentement au soleil :

— Si au moins la Reine partait demain matin ! nos guirlandes pourraient encore servir
pour la fête de la liberté !

Mais les fonctionnaires ne sont-ils pas toujours et partout les mêmes? Avant de songer à
sauver une dynastie, ne faut-il pas qu'ils sauvent
leur place? Il parlent souvent de leur fidélité.
Il y a, en effet, quelqu'un qu'ils n'ont jamais
trahi, en aucun pays, en aucune occasion. Et ce
quelqu'un est un être abstrait : c'est la Fortune.

La révolution qui vient d'éclater comme un
coup de foudre était préparée de longue màin.

Le plus curieux, c'est que tout le monde la pré-
voyait et que le secret des généraux était devenu
celui de Polichinelle. Il n'y avait peut-être en
Europe que la reine Isabelle qui ne sût rien. Les
souverains ne savent jamais ce qui devrait les
intéresser le plus. Ils ont cela de commun avec
les maris trompés.

Il y a deux mois, le général Prim, réfugié à
Londres, fit demander la permission d'aller
prendre les eaux à Vichy. On la lui accorda.
Mais on lui demanda en même temps sa parole
de gentilhomme qu'il ne s'occuperait point de
politique. Le général n'hésita pas à la donner.
Huit jours après, il était de retour de Vichy et
il déclarait que, ne pouvant tenir ce qu'il avait
promis, il allait reprendre la route d'Angleterre.
C'est pendant ce court séjour à Paris qu'il dit
tout haut, dans un salon semi-officiel, où on lui
parlait de la reine d'Espagne (le fait m'a été affirmé par un témoin auriculaire) :

— Si seulement j'avais sous mes ordres cinquante hommes énergiques et dont je fusse sûr,
j'en finirais avec Isabelle en un jour, sans effu-
sion de sang, sans guerre civile. J'irais à Madrid ;
j'entrerais au palais. Les gardes me connaissent.
Ils ne diraient rien. Je pénétrerais dans l'appar-

tement de la Reine. Je la prendrais par la main. Je la conduirais à la gare et je l'emmènerais en France.

Était-ce là une simple fanfaronnade espagnole? On en doute, maintenant qu'on voit avec quelle facilité la révolution a réussi.

Ces propos de Prim, son retour de Vichy, les visites nombreuses et significatives qu'il y avait reçues, donnèrent l'éveil au gouvernement français. On envoya, paraît-il, quantité d'agents dans les villes d'Espagne, et ces agents revinrent avec des renseignements très-exacts. A ce moment, un journaliste officieux, très-officieux, se trouvait à Madrid. Le hasard fit qu'il se rencontra avec des révolutionnaires ardents et que ces révolutionnaires lui confièrent en grande partie leurs projets. Quand le journaliste revint à Paris, il savait parfaitement comment devait procéder la révolution, ce qu'elle ferait, de quelle manière elle triompherait. Il avait le programme dans sa poche.

Les Espagnols étaient mieux renseignés encore. Au moins, j'en juge par ce qui m'est arrivé. C'était, il me semble, vers le commencement d'août, je venais de faire une promenade à Fontarabie et je m'étais arrêté au bord de

la Bidassoa, attendant une barque pour re-
passer en France. Près d'un poste qui se trouve
là, un curé de campagne, gros, gras, bien
vêtu, se chauffait au soleil et fumait des ciga-
rettes, tout en s'entretenant avec un sergent
de la douane : un sergent maigre et efflanqué,
que je crois voir encore : l'ombre d'un sergent.
Le curé tenait une ligne à la main et m'offrit du
feu ; nous nous mîmes à causer. La conversation
roula d'abord sur les différentes espèces de
poissons qu'on trouve dans la Bidassoa ; puis, je
ne sais comment, de fil en aiguille, nous en vîn-
mes à parler révolution.

— Notre gouvernement est bien malade, dit
le curé. Il n'en a plus pour longtemps. Des événements se préparent qui doivent changer la face
des choses.

— Certainement, fit le douanier.

— On espère se débarrasser de la reine ?

Le curé me regarda avec étonnement comme
pour me dire : Vous ne le saviez pas déjà ? Il
reprit :

— La Reine ne rentrera pas à Madrid. L'Espagne entière sera soulevée avant qu'elle ait
quitté Saint-Sébastien. C'est convenu. Interrogez
n'importe qui dans la ville. Il vous le dira.

— Et vos généraux exilés?

Le curé sourit. On ira les chercher aux Canaries. Prim a déjà dû quitter Londres. L'armée les attend. Je pense que le Midi se soulèvera d'abord. Quant à la flotte, elle fera cause commune avec les révolutionnaires. Topete est furieux.

— Oh! bien en colère! reprit le douanier.

— La chose sera vite faite, continua le curé en tirant un poisson de l'eau. Puis il se mit à me conter en détail, sans se tromper une fois (je l'ai vérifié depuis), tout ce qui allait arriver. Il me dit les projets de Serrano, les intentions de Prim, les dispositions de l'armée. Il n'omit rien. Et comme je lui annonçais que j'allais bientôt rentrer à Paris :

— Restez donc encore quelques jours, me répondit-il. Vous verrez cela.

Je le quittai cependant, sans attacher grande importance à ce qu'il m'avait raconté. Ces jours derniers, seulement, cette conversation m'est revenue à la mémoire avec tous ses bizarres détails. Qui donc aurait supposé qu'un simple curé de village, en plein jour, et en plein champ, pouvait, tout en piquant un ver rouge au bout de sa ligne, révéler au premier venu le secret d'une conspiration, les destinées d'un grand empire?

Ces événements d'Espagne se sont terminés d'une manière assez gaie. Je ne regrette pas beaucoup la reine. J'aime, je l'avoue, la Révolution. Mais, entre nous, je n'ai pas grande sympathie pour ceux qui la servent au-delà des Pyrénées. Ils ont tous servi le gouvernement; ils l'ont tous combattu et ils me font un peu l'effet de ces soldats du Châtelet qui jouent tour à tour, selon le drame, les Français ou les Chinois. Quand on nous assurait que l'amiral Topete s'était prononcé, malgré moi, je lisais : Donato.

J'ai d'ailleurs une conviction intime. Les affaires d'Espagne me rappellent tellement le *Siége de Silistrie*, représenté autrefois à l'Hippodrome, que je suis convaincu que M. Arnaud, voyant l'hiver approcher, s'est décidé à donner quelques représentations dans la péninsule ibérique. Avouons qu'il n'a pas lésiné sur la mise en scène. Il ne nous avait pas habitués à tant de luxe. Je regrette seulement qu'il n'ait pas songé à terminer sa pièce militaire par une course de vélocipèdes.

Il y a bien eu quelques malheurs à déplorer.

Plusieurs braves gens de Santander ont été blessés. C'est trop, beaucoup trop. On affirme heureusement aujourd'hui que ces accidents étaient dus à l'imprudence des machinistes.

Quant à la dernière bataille, elle a été admirablement jouée. On s'est emparé des *praticables* avec un entrain superbe. On a pris d'assaut les *portants* avec une énergie digne d'éloges. Le drame lui-même était bien bâti. Nos lecteurs en pourront juger. Mes relations avec l'un des secrétaires de l'Hippodrome me permettent de leur en communiquer le *scenario*.

ACTE PREMIER

A MADRID

L'agitation est à son comble. Tous les Madrilènes sont rentrés chez eux et font la sieste. Seuls le maréchal Concha et la Junte révolutionnaire se promènent dans les rues)

LA JUNTE, *à part.* — Ne faisons rien ! Ce serait tout compromettre !

LE MARÉCHAL, *à part.* — N'agissons pas ! Ce serait tout perdre !

LA JUNTE, *apercevant le maréchal.* — Ah ! c'est vous. Comment ça va-t-il ?

LE MARÉCHAL. — Bien. Et vous ?

LA JUNTE. — Pas mal, merci. Et qu'est-ce que vous faites ?

LE MARÉCHAL. — Rien. Et vous ?

LA JUNTE. — Moi non plus.

LE MARÉCHAL, *à part, s'éloignant.* — Quelle dissimulation !

LA JUNTE, *à part, au moment de sortir.* — Quelle hypocrisie !

LE MARÉCHAL. — Heureusement j'ai pour moi le peuple. Il va se réveiller !

(On entend un Espagnol qui ronfle.)

LE MARÉCHAL CONCHA ET LA JUNTE (ensemble).

Air connu.

Silence, prudence !
Courons de ce pas,
Courons en cadence
Conspirer tout bas !

(Ils sortent.)

ACTE II

LA CAMPAGNE

Le Théâtre représente une vaste plaine. Au milieu un tronc d'arbre.

LE COMTE DE CHESTE, *sortant de derrière le tronc d'arbre.* — Où est Serrano? Cet infâme rebelle! Je le cherche sans pouvoir le trouver.

(*Il rentre derrière le tronc d'arbre.*)

LE MARÉCHAL SERRANO, *sortant du même tronc, de l'autre côté.* — Où se cache donc Cheste? C'est en vain que je parcours les Espagnes! Ah! je le trouverai, je le jure!

(*Il rentre derrière le tronc d'arbre, après en avoir fait le tour.*)

LE COMTE DE CHESTE, *sortant de l'autre côté.* — Espagnols! l'ennemi ne se dérobera pas longtemps à nos coups! Vive la Reine!

(*Il fait le tour du tronc d'arbre et rentre derrière.*)

LE MARÉCHAL SERRANO, *entrant de l'autre*

côté. — Espagnols! suivez-moi! Nous finirons par rejoindre nos adversaires. A bas la Reine!

(Il fait le tour du tronc d'arbre; mais il se trompe et rentre par le côté où le comte de Cheste doit sortir. Ils se heurtent.)

LE COMTE DE CHESTE. — Sapristi! Prenez donc garde!... C'est de l'autre côté!... Vous m'avez fait un *noir!*

LE MARÉCHAL SERRANO. — Je suis désolé!

LE COMTE DE CHESTE. — Je vais me plaindre à l'administration!

(Cris, tumulte. Le régisseur vient calmer les inquiétudes de l'auditoire.)

LE MARÉCHAL SERRANO, *au public.*

Air : *Faute de s'entendre.*

Messieurs, voulez-vous rendre heureux
L'auteur de notre vaudeville?
Retenez, pour combler ses vœux,
Ce précepte. C'est bien facile...

LE COMTE DE CHESTE, *interrompant.* — C'est le bout de votre chapeau qui m'a été dans l'œil.

LE MARÉCHAL SERRANO. — Taisez-vous donc!

(Il reprend.)

Sans jamais craindre de remords,
Sans verser de sang, sans attendre,
Pour mettre un souverain dehors,

(Montrant le général Prim et quelques figurants groupés sur les praticables.)

Il ne s'agit que de s'entendre ! (*Bis.*)

(La toile tombe.)

ACTE III

A SAINT-SÉBASTIEN

Un appartement richement meublé. Don François et M. Marfori jouent une partie de tric-trac.

Don François, *au domestique.* — Juan, fermez la fenêtre, M. Marfori pourrait avoir froid.

M. Marfori. — Ne vous occupez pas de moi, Altesse, je vous en supplie !

Don François. — Voulez-vous un bouillon, cher ami ? Vous devez avoir besoin de réparer vos forces.

M. MARFORI. — Mille grâces ! Je me sens très-bien.

DON FRANÇOIS. — Ah ! vous êtes solide !

M. MARFORI. — Je remercie Votre Altesse de l'intérêt qu'elle prend à ma santé.

DON FRANÇOIS. — Vous nous êtes si utile !

LE DOMESTIQUE, *entrant*. — Il y a quelqu'un en bas.

DON FRANÇOIS. — Faites entrer !

LE DOMESTIQUE, *annonçant*. — La Révolution !

N. B. — Les couplets nous ont été transmis cette nuit par l'*Agence Havas*.

Il y a quelques années, un député de Paris vit débarquer chez lui un jeune homme porteur d'une lettre de recommandation. Ce jeune homme prétendait arriver de la province. Il n'avait pas de moyens d'existence. Le député lui trouva la physionomie intelligente. Il lui donna quelques discours à copier. Le jeune homme s'acquitta fort bien de sa tâche. Le député l'employa encore en diverses occasions. Bref, il en fit son secrétaire.

Peu à peu, même, il se prit d'une grande amitié pour lui, d'une amitié vraie, profonde, paternelle. Le jeune homme était studieux, rangé, travailleur. Il paraissait très-reconnaissant des soins qu'on avait de lui. Il était discret comme la tombe. Le député l'initia à tous ses secrets de famille. Le député le vêtit, le logea, le nourrit, le traita comme un fils. C'était lui qu'il consultait pour ses discours; c'était à lui qu'il demandait des conseils quand il se trouvait embarrassé. Cette intimité dura quatre ans. Au bout de ce temps, le jeune homme tomba malade. Les soins furent inutiles. Le jeune homme mourut. Je n'essaierai pas de vous dépeindre le désespoir du député. Il s'arracha les cheveux, pleura, se désola, tomba malade à son tour. Il ne voulut cependant pas quitter son ami sans lui dire un dernier adieu. Il suivit son convoi; il prononça un discours sur la tombe entr'ouverte. Après quoi, il s'enferma chez lui et refusa sa porte à tout le monde.

Quelques jours après, comme il était en train de déjeuner, sa bonne entra :

— Monsieur, dit-elle, qu'est-ce que nous allons faire de ça? C'est le paletot de ce pauvre monsieur qui est mort!

— Laissez, soupira le député, laissez-moi ce souvenir !

Or, comme la bonne lui remettait le paletot entre les mains, il crut sentir quelque chose dans la poche. Il fouilla. Et il en retira une carte d'agent de police. Cette carte était accompagnée d'un rapport détaillé.

Le député avait nourri pendant quatre ans son « mouchard ». Il avait versé des larmes sur son tombeau.

Je dois vous demander place ici pour une petite rectification. Vous vous souvenez peut-être que, dans mon dernier Courrier, je racontais l'histoire d'une jeune femme morte pour un artiste que sa famille n'a point voulu lui laisser épouser. J'ai eu l'occasion de me rencontrer depuis avec cet artiste. Son désespoir profond m'a touché. J'ai été fort injuste envers lui. Je n'avais entendu qu'une cloche. Peut-être devrait-on, en regard du roman de la jeune femme, mettre le roman du jeune homme. Je pourrais l'écrire. Mais il vaut mieux, n'est-ce pas, laisser les douleurs s'apaiser et les morts dormir en paix ?

Ceci se passait dernièrement à la cour d'assises.

Le président reprochait à une sorte de bandit ramassé par les gendarmes sur la grand'route de n'avoir pas de domicile.

— Elle est bonne, celle-là ! dit l'homme. Pourquoi que vous ne me proposiez pas de loger chez vous ?

VII

M. Raguet, un sculpteur de beaucoup de talent, mort bien jeune, hélas ! avait fait autrefois une statue de la Liberté. Cette statue avait naturellement été mise dans un grenier. Aujourd'hui on s'aperçoit qu'on en pourrait tirer parti, et à l'aide de quelques changements, on la transforme en « *Ville d'Orléans* ». Ce système me paraît d'autant plus ingénieux qu'on utilisera bientôt ainsi toutes les Libertés qui nous restent. A-t-on besoin d'une statue en province?

— Tiens ! dit l'administration, allez donc chercher ma Liberté à la cave. En changeant un peu le nez et en lui faisant des trous dans la figure, ça pourra nous servir pour M. Dupin.

C'est économique. Et puis, cela nous débarrasse de toutes ces Libertés qui ne sont pas plus amusantes à voir qu'à... donner. Pour ma part, je ne comprends point comment on laisse encore des figures révolutionnaires subsister sur nos monuments publics. Il y a, par exemple, à l'Arc-de-Triomphe, une certaine *Marseillaise* de Rude qui me révolte. Je propose quelques modifications à ce bas-relief subversif. Avec peu de chose on le transformerait et l'on pourrait alors lui donner ce titre :

LA VILLE DE PARIS

ÉMETTANT UN NOUVEL EMPRUNT.

La bouche ouverte, le bras étendu, elle annonce le tirage de ses obligations. Devant elle, un jeune homme pauvre qui est resté tout nu, pour dissimuler qu'il manquait de linge, vient de gagner le gros lot. A gauche, un homme qui bande son arc saluerait M. Haussmann. A droite, un monsieur qui n'a pas eu de chance se cache derrière son bouclier.

Je suis certain que M. le préfet de la Seine, — grâce aux instincts artistiques qu'on lui connaît, — se hâtera d'adopter cette idée.

Contradictions étonnantes ! Il n'est point un discours officiel où le mot de liberté ne soit prononcé trois et quatre fois, où la liberté ne soit glorifiée ; la liberté est dans nos lois ; elle est dans notre Constitution, crient les feuilles officieuses. Nous ne voulons que la liberté, dit M. Rouher, et après lui M. Baroche, et après lui M. Stéphen Liégeard. Et quand il s'agit de mettre au jour une image de cette liberté tant vantée, tant prônée, tant exaltée, on la transforme en Ville d'Orléans !

Nous en entendons beaucoup parler, de cette liberté ; nous avons les oreilles rebattues de son nom ; nous ne pouvons pas la regarder en face. C'est un personnage mystérieux qui se tient derrière la coulisse. On croit à chaque instant qu'il va entrer en scène, pas du tout ! Quelqu'un arrive pour annoncer qu'il est sorti. Je comprends aujourd'hui qu'il soit difficile à un sculpteur de nous présenter une image de la liberté dont il nous est donné de jouir. S'il voulait qu'elle fût ressemblante, je lui conseillerais de faire le portrait de madame Benoîton.

VIII

Tous les ans, nous avons à souffrir d'une épidémie de « mots » de M. Auber. Cela dure deux ou trois mois. Pendant ce temps, tous les jours on trouve dans les feuilles publiques une ou deux saillies de « l'éternel et spirituel jeune homme ». Je ne ferai qu'un reproche à ces mots, c'est de jouir, comme leur auteur, d'un été de la Saint-Martin, légèrement avancé. Disons d'un automne de la Saint-Martin.

Ainsi, par exemple :

« Hier, on causait devant M. Auber de l'entrevue tout amicale qui devait avoir lieu entre le chef de l'État et la reine d'Espagne.

— Messieurs, dit l'éternel jeune homme, il n'y a plus de Pyrénées »

Ou encore :

« Un mot adorable de M. Auber ! un mot plein de profondeur et qui, selon nous, cache une grave leçon, dont nos fonctionnaires devraient profiter. On répétait, pour la reprise, *le Premier jour de bonheur*. Au moment où l'opéra allait commencer, M. Auber se tourna vers les choristes :

— Surtout, messieurs, s'écria-t-il, pas de zèle ! »

Ou encore:

« M. Auber a eu hier un mouvement sublime. Comme on venait lui annoncer que les élèves du Conservatoire jouaient au volant avec ses partitions :

— Tant mieux, dit-il, nous combattrons à l'ombre. »

J'en passe et des meilleurs. Or, il me semble que son esprit est en contradiction avec sa personne, c'est-à-dire un peu vieillot. Je ne demande pas que M. Auber rajeunisse encore, non certes! Il est dans l'adolescence. S'il rajeunissait un brin, on serait forcé de le mettre en nourrice, et, pour ma part, j'attendrais avec impatience qu'on le sevrât.

Je suis seulement désolé de voir que les réparties, qu'il trouve ou qu'on lui prête, ont l'âge de Léonidas, tandis que le grand musicien paraît à peine celui du Prince Impérial. Le contraste est choquant. Que ce mot: « Nous combattrons à l'ombre ! » ait été dit par M. Auber dans sa jeu-

nesse et attribué faussement à un contemporain,
c'est possible. Mais on a tort de le lui rendre aujourd'hui. A la place de M. Auber, je voudrais
rajeunir tout d'une pièce ou ne pas m'en mêler.

Il est évident aussi que les bons mots de
M. Auber n'ont pas la puissance de ramener la
gaieté sur nos visages assombris par les derniers
événements. Un homme est en train de faire ce
miracle : un député de la majorité. Voici, du
moins, ce que nous apprend le *Courrier de la
Gironde* dans un long et sérieux article.

« C'est seulement à l'initiative de M. le baron
Travot, que nous devons l'autorisation de chas-
ser au *pante*. Une manœuvre des vieux partis a
voulu lui enlever l'honneur de ce bienfait. »

Il est clair que si les vieux partis songent à
cela, c'est qu'ils ont du temps à perdre. Et, à la
place du gouvernement, je m'inquiéterais moins
de leurs manœuvres. Mais il est évident d'autre
part que la France était humiliée depuis les événements d'Allemagne ; qu'elle était menacée
d'une république en Espagne et qu'il fallait un
remède à ces maux. Personne ne trouvait.
M. Rouher faisait des discours. M. Niel coulait
de petits canons. M. Gagne inventait le pantalon
moral. Vains efforts ! Seul un homme avait mis

le doigt sur la plaie : M. le baron Travot. Il s'é-
tait dit :

— Ce sont les *pantes* qui manquent à notre
patrie !

On le voyait toujours seul au Corps législatif.
Il votait l'expédition du Mexique, le budget,
tout ! Il avait l'air de faire des cocottes en papier.
Mais une pensée l'obsédait. Nous rendre le
pante ! Et il ne montait à la tribune que lorsqu'il faisait chaud. Un vain peuple pouvait
croire qu'il avait l'intention de déposer un amendement. Ses amis savaient que c'était pour boire
le verre d'eau sucrée.

Aujourd'hui nous sommes sauvés. La France
a repris son rang et le préfet de la Gironde espère que les populations vont se dire :

« Il faut réélire le candidat officiel. Il nous a
donné le moyen d'attraper les petits oiseaux. La
session prochaine il nous enseignera à tuer les
punaises ! »

Le *pante* est un filet étroit et long, très-utile
aux ménagères qui veulent ravoir leurs canaris
envolés. J'espère donc qu'il rendra de grands
services au département de la Gironde. Je demande seulement à faire une remarque. On
parle toujours des intelligentes populations des

campagnes. Je regrette que le préfet de la Gironde semble croire que le même filet qui peut servir à attraper des serins, rend de grands services quand il s'agit de prendre des électeurs.

IX

Si quelque chose peut me faire croire à la paix, ce n'est point la tranquillité de M. Baudrillart, ou la prose de M. Vitu, ou la placidité du petit *Officiel*, ou le discours de M. Baroche. C'est de voir que la presse et le public, — la France entière, — ne se sont occupés, pendant deux mois, que d'un cervelas. Si l'Europe le savait, peut-être elle dormirait sur ses deux oreilles. J'espère que nos diplomates le lui diront.

Après cela, le peuple, qui laisse M. de Lamartine organiser des loteries pour vivre, doit oublier aussi vite ses cervelas que ses grands poëtes. On ne peut pas compter sur lui. Un beau jour il est tranquille ; il a la fièvre le lendemain. Et c'est pour cela que les soldats étrangers n'osent plus sortir de chez eux, sans avoir un petit canon sous le bras.

Donc, le peuple français n'a eu que ce cervelas dans la tête. Et ce qu'il y a de curieux, c'est que personne ne pouvait nous renseigner sur les antécédents de ce cervelas. Moi-même, j'ignore s'il était à l'ail. D'où sortait-il ? D'où venait-il ? D'une boutique aristocratique du noble faubourg ou d'un ignoble magasin de la banlieue ? Avait-il bonne mine ? *Chi lo sa ?* Ce cervelas m'a paru mystérieux comme un héros de roman. C'était le Rocambole de la charcuterie.

Je dis : c'était, car au moment où il a commencé à faire du bruit dans le monde, il n'existait plus. Sa peau seule restait pour témoigner de son existence. Il avait été mangé ; mangé par un sénateur, et mangé le vendredi saint ! Ce n'était plus même un cervelas, ce n'en était que l'ombre.

La vie des peuples est pleine d'incidents inexplicables. Des complications inattendues surgissent ; l'équilibre européen chancelle, faute, peut-être, d'équilibristes ; les diplomates s'interrogent et se demandent avec terreur de quel côté va craquer l'édifice ; la foule attend inquiète et anxieuse ; puis tout à coup, une chose à laquelle on ne pensait point, un accessoire parfaitement négligé par les politiques, surgit, et voilà que tous les regards se tournent de ce côté, et personne ne songe plus ni à l'édifice, ni à l'équilibre, ni aux complications inattendues. Il en a été ainsi de ce cervelas qui est venu étourdiment se jeter au travers de l'histoire de France. Ce cervelas a dominé la situation. Les questions les plus graves se sont éclipsées devant lui. Il nous a éblouis. La guerre? On l'avait oubliée. On avait oublié aussi la nouvelle organisation de la mobile, et les chants séditieux, et les lois sur la presse, et la réouverture des Chambres; on avait oublié l'expédition d'Abyssinie, et la révolution japonaise, et la mise en accusation du président Johnson; on avait oublié l'Europe, l'Afrique, l'Amérique, l'Asie et jusqu'à M. de Guilloutet. Sur le fond sombre de l'horizon politique ce cervelas se détachait seul en pleine lumière.

Il serait plus facile de compter les étoiles, — comme Jéhovah le proposait à Abraham, — que les articles, chroniques, nouvelles à la main, brochures, pamphlets, que ce cervelas a fait écrire. Toutes les feuilles parisiennes sont tour à tour descendues dans la lice; toutes ont rompu des lances en son honneur. Si un ministre se laissait jamais discuter comme ce cervelas, il n'y aurait point de gouvernement possible: je le reconnais. Les uns le considéraient avec bienveillance; les autres le déclaraient impie; la presse libérale prenait son parti; la presse religieuse vomissait des injures. J'ai cru un instant que Mgr Dupanloup allait reprendre la plume et lancer dans le public une soixante-quinzième brochure, avec ce titre à effet:

« Les alarmes de l'épiscopat justifiées par la charcuterie. »

Mais qui n'a point lu M. Veuillot n'a rien lu. On peut dire que ce cervelas lui a été au cœur. Il l'a traité comme un ennemi personnel. Mieux que cela: comme un ennemi de l'Église. Il l'a injurié et calomnié. Malgré tout, on ne peut pas se le dissimuler, M. Veuillot baisse énormément. Il a toujours l'insolence de sa jeunesse, mais il n'en a plus ni la verve ni l'esprit. Il est fourbu. Cela ne l'a pas empêché de jeter de la boue aux libres-penseurs. J'ai même été éclaboussé dans la bagarre. M. Veuillot m'a appelé « jeune homme ». Si c'est avec l'intention d'apprendre à ses lecteurs que je suis jeune, je l'en remercie; si c'est pour nous faire savoir qu'il est vieux, la précaution était inutile. On le voit, de reste, à ses articles. Il m'a semblé maladroit de nous le dire.

Comment ! quelques amis, libres-penseurs, ne pourront point se réunir et déjeuner ensemble le vendredi saint, sans qu'un clérical écoute à la porte, sans qu'un second clérical regarde par le trou de la serrure, sans qu'un troisième clérical aille conter la chose aux journaux de son parti, sans qu'un quatrième clérical dénonce les convives aux foudres de l'Église, à la sévérité du gouvernement et à l'indignation des imbéciles? Cette époque, fertile en bouffonneries, en avait rarement produit d'aussi fortes. On dit que les deux mille pères de famille qui ont signé la pétition Giraud vont se remettre en campagne et que le Sénat discutera un jour cette charcuterie intempestive. Hé mon Dieu! cela est possible. Peut-on aujourd'hui s'étonner de quelque chose? Je me refuse cependant à croire cette nouvelle. En tous cas, j'engage les jeunes élèves de nos lycées à ne plus trop se moquer des pères conscrits qui, dans l'ancienne Rome, discutèrent la sauce d'un turbot.

Il est à remarquer que les pères de famille que l'on rassemble pour adresser des suppliques, soit au Sénat, soit au ministre, sont toujours au nombre de deux mille. *L'Étendard*, lorsqu'il a été question de retirer la loi militaire, racontait que deux mille pères de famille, tous Marseillais, avaient adressé une lettre au ministre pour demander que cette loi fût maintenue. Aujourd'hui M. Léopold Giraud dénonce quelques honnêtes médecins au Sénat, et deux mille pères de famille marchent à sa suite. Toujours deux mille. Je commence à croire que ce sont les mêmes et qu'ils deviennent Marseillais ou Parisiens, selon les besoins de la cause. Je ne serais même pas surpris qu'ils gagnassent assez d'argent à ce métier. Reste à savoir maintenant quelle maison de commerce les fournit aux pétitionnaires. Un jour viendra peut-être où quelque *fureteur* égaré dans un quartier ignoré de la capitale découvrira une sorte de magasin orné de cette enseigne :

« Location de pères de famille pour pétitions au Sénat et autres. »

Ce jour-là, on aura découvert le pot aux roses, et peut-être alors se préoccupera-t-on moins des haines vigoureuses,

« Que le cervelas donne aux âmes vertueuses.»

M. de Lamartine s'est remis au travail. Il s'occupe, en ce moment, de retrancher, de refondre et de compléter ses mémoires.

« L'éminent écrivain, disaient autrefois les annonces, veut se survivre dans sa vérité. » Autant que je puis comprendre ce français d'éditeur la phrase signifie que M. de Lamartine a l'intention de raconter sa vie telle qu'elle a été, sans la farder ni la maquiller d'aucune manière. Il nous la racontera, cette vie si pleine et si agitée ; il nous la fera voir tout entière, du commencement à la fin, nue et sans voile, comme était la Vérité autrefois avant d'être habillée par les fabulistes d'abord, par les poëtes ensuite, puis enfin par les hommes d'État, qui l'ont mieux vêtue que le mensonge, — peut-être bien pour que nous nous défiions d'elle.

Assurément, ces mémoires, s'ils sont sincères, peuvent nous donner de précieux renseignements sur une époque fort intéressante de l'histoire. L'ouvrage de M. de Lamartine deviendra véritablement curieux quand il nous racontera les tribulations de son âge mûr, quand il nous parlera du beau temps où il était le premier ténor de la Chambre des Députés, où il donnait à chaque séance l'*ut dièze* parlementaire.

Voici, à ce propos, une petite anecdote que le grand poëte ne placera probablement pas dans son livre, mais qui, me semble-t-il, mériterait d'y figurer. Mieux qu'aucune autre, elle peint l'auteur des *Méditations*, sa confiance en lui-même et le fétichisme de son entourage.

Au temps, donc, où M. de Lamartine tenait le sceptre de l'éloquence, ses admirateurs et ses familiers, — ils étaient nombreux, — recevaient de temps en temps une invitation ainsi conçue :

« M. A. de Lamartine prie M. *** de lui faire l'honneur de passer chez lui la matinée du…

« M. de Lamartine improvisera un paysage.»

On accourait en foule rue de la Ville l'Évêque.

Le salon était haut, un peu sombre et meublé avec goût. On avait rangé tout autour des siéges pour les visiteurs. M. de Lamartine occupait un fauteuil, dans le fond, sous une sorte de dais de velours.

La seule chose qui pût paraître bizarre aux personnes venues pour la première fois dans cette maison solennelle, c'était de voir, près d'une fenêtre, modestement cachés par d'épais rideaux rouges, un chevalet en bois d'ébène; sur ce chevalet une toile et derrière cette toile un peintre.

Le chevalet était grand; la toile était blanche, le peintre était mal mis. Que faisaient-ils là tous trois ? Mystère!

Quand tout le monde était réuni, M. de Lamartine se levait. Le peintre, en même temps, prenait sa palette et s'approchait de sa toile.

M. de Lamartine, alors, sans préambule, les yeux fixés sur un horizon imaginaire, commençait la description détaillée d'un paysage abstrait. Le peintre se mettait en même temps à l'œuvre : il était chargé de fixer sur la toile les admirables perspectives, que faisait semblant de voir M. de Lamartine. Le grand poëte s'écriait dans son admirable langage :

« — Les sommets de ces collines ne portent au-dessus des vignes que quelques pêchers sauvages qui ne donnent pas d'ombre au raisin... »

— Pas d'ombre au raisin ? faisait le peintre.

Un signe lui disait de continuer.

Cependant, M. de Lamartine s'exaltait peu à peu et entassait les unes sur les autres toutes les merveilles de la création. A mesure qu'il parlait avec plus de volubilité, le peintre se remuait davantage : on voyait sa main aller et venir sur la toile, jetant, ici une maison, là un rocher, là une cascade — un nuage de ce côté; le soleil au milieu ; — la lune dans un coin.

M. de Lamartine s'écriait encore :

« — Ce paysage semble solliciter la pensée à se répandre et emporter l'âme dans tous les loin-

tains de l'espérance et sur tous les sommets de
l'imagination. »

Le fait est que le peintre épuisait sa science
pour faire tout tenir sur son châssis. Enfin M. de
Lamartine s'arrêtait. Il allait prendre le tableau
et le montrait à l'assistance. Tout le monde de-
meurait ébahi. Ce qu'on avait entendu, on le
voyait ! M. de Lamartine, par la seule puissance
de l'imagination, avait composé un paysage : il
avait créé un monde — en deux heures !

Les invités se disputaient le chef-d'œuvre.
C'était à qui le posséderait, on l'admirait de confiance ; on s'extasiait devant, on parlait de l'offrir
au musée du Luxembourg, puis, enfin, la fièvre de
l'enthousiasme s'étant refroidie, on s'apercevait
qu'il n'était bon qu'à faire un devant de cheminée.

———

X

S'il y a quelque chose d'ennuyeux au monde,
c'est bien de revoir sa patrie ; c'est de retrouver
Paris tel qu'on l'a laissé, avec les mêmes figures,

les mêmes maisons, les mêmes boulevards, les mêmes petits arbres en zinc semés par M. Haussmann, et sur lesquels, en place de fruits, on peut récolter des becs de gaz.

C'est surtout quand on vient du midi que Paris semble triste ; c'est quand on vient de voir la Provence, ou les Alpes, ou l'Italie, ou l'Afrique, ou encore les Pyrénées. Quelle différence ! Notre jour paraît gris et terne ; notre lumière est pâle. Notre soleil a l'eir d'une veilleuse. On est tenté, pour le ranimer un peu, de lui offrir de l'huile. On a envie de lui mette une mèche neuve.

J'arrive de la frontière d'Espagne !

Le chef de l'État est attendu à Biarritz, et Biarritz fait des préparatifs pour le recevoir. La ville de Biarritz n'était pas bien grande il y a quelques années. Quand on a voulu y élever un château impérial, on s'est aperçu qu'il y avait juste assez de place pour un salon et une cuisine. Il a fallu empiéter sur le territoire de Bayonne pour construire la salle à manger.

Aujourd'hui, Biarritz s'est agrandi considérablement. On y trouve des boulevards, comme à Paris, des squares, des églises, et les éternels petits arbres en zinc qu'on doit à l'imagination intarissable de notre préfet. Il y a cependant cette différence que les arbres de Paris produisent du gaz, et que les arbres de Biarritz ne produisent que de l'huile à quinquets. Ils représentent, d'ailleurs, la seule végétation du pays. Et les jeunes filles qu'on envoie cueillir des bleuets dans les blés sont réduites à faire des bouquets de lampes Carcel.

Quant à la mer, c'est autre chose. L'architecte de la ville de Paris a dû l'arranger à la mode du jour. Il y avait là quelques rochers plantés au milieu de l'eau avec un petit air indépendant qui déplaisait. On les a cachés sous de grosses digues : on y a arrangé des corbeilles de fleurs (fer-blanc partout !) ; on les a surmontés de petites statues de la Vierge ; on les a reliés au rivage par des ponts plus ou moins japonais. C'est devenu gentil tout plein. L'Océan ressemble, à s'y tromper, au lac du bois de Vincennes, et l'on cherche maintenant, malgré soi, au bas du golfe de Gascogne, la signature de M. Alphand : *Alphand fecit.*

On cherche en vain. Mais si M. Alphand n'a pas signé le golfe de Gascogne, c'est, de sa part, modestie pure. Il veut nous faire croire que le bon Dieu y est encore pour quelque chose.

Tout se ressent de ces progrès. La grève s'est

assainie et embellie démesurément. Là où il y avait de l'herbe, on trouve une grande route ; là où poussaient les algues, on s'assied sur des bancs peints en vert ; je connais une grotte profonde, près d'un cap, où l'on rencontrait des pieuvres, et où il n'y a plus que des loueuses de chaises.

Ce que c'est que la civilisation !

Par malheur, la mer emporte, de temps à autre, quelques-uns de ces embellissements. Par malheur aussi les poissons ont déserté ces rives et les ont abandonnées aux courtisans. Pourtant — quand vous consentez à passer la nuit au large, avec une bonne barque et un filet bien solide, vous pouvez espérer encore, — si vous avez de la chance, — pêcher deux ou trois fauteuils de l'usine Tronchon.

On a fait devant moi, la semaine dernière, une des plus belles pêches auxquelles il soit donné à un homme d'assister. Un marin hardi a harponné, au fond de la baie, une table de restaurateur. J'ai entendu aussi ce dialogue entre deux pêcheurs à la ligne :

— Eh bien ! ça va-t-il ce matin ?

— Merci ! ça commence à mordre. J'ai déjà pris un réverbère !

Ces coups de filets merveilleux s'expliquent
mieux que celui du lac de Genézareth.

Cela tient-il aux séances du Corps législatif qui
ont lieu en hiver? Est-ce la faute des discours
de M. Jules Favre, ou Jules Simon, ou Picard?
Je ne sais. Mais il faut constater une chose :
l'Océan, qui est doux et aimable avec le souverain pendant la belle saison, passe, quand vient
la mauvaise, à l'opposition systématique. Rien
ne l'arrête plus. Il se pose en rival du *Réveil*. Il
se conduit comme un anarchiste; il emporte les
digues, il casse les fleurs en zinc, il éteint les
lampes, il brise les ponts chinois, et les vagues furieuses qui allongent leur écume au-dessus des
rochers ont l'air de faire des pieds de nez à
M. Rouher.

Cette opposition de l'Océan a d'ailleurs de
grands avantages. J'entends qu'il faut recon-
struire chaque été ce qui a été démoli pendant
l'hiver. Or, comme en hiver les vagues démolis-
sent régulièrement ce qui a été construit pendant
l'été, ça donne de l'ouvrage aux gens du pays.
Biarritz est un peu comme le voile de Pénélope.
Il y a pourtant cette différence que Biarritz a
coûté plusieurs millions et le voile de Pénélope,
— même en admettant qu'elle l'ait tressé avec de

la soie de première qualité, — n'a jamais dû revenir à plus de soixante francs.

Il faut dire que la mer est désagréable dans ces parages. Près de là, à Saint-Jean-de-Luz, le chef de l'État ordonne un jour de construire une digue énorme pour rendre la rade plus sûre. On exécute ses ordres; on construit la digue; le jour de l'inauguration arrive. Le préfet, le sous-préfet, les maires, les adjoints, le général commandant la division militaire, ses aides de camp, les magistrats, l'armée, le clergé, les paysans sont convoqués en masse. Ils accourent, quelques-uns avec des discours en poche. Mais l'Océan était dans ses mauvais jours. Il venait probablement de lire la *Lanterne*; il avait tout emporté pendant la nuit.

A la place de la digue, les autorités ont trouvé trois crabes — qu'elles ont d'ailleurs renoncé à inaugurer.

Ce qu'il y a de plus curieux à Biarritz, le voici:

Biarritz possède deux habitations très-remarquables. La première est une petite maison carrée, située au milieu d'un gazon brûlé par le soleil et qui est devenu « couleur tabac d'Espagne ». On dirait une réduction Collas de la caserne du Prince-Eugène.

L'autre est un monument superbe, superbement situé, superbement construit, qui domine la ville, la mer, et, en outre, la petite maison carrée. Il est assis au sommet d'une colline couverte d'arbustes dont les branches trempent dans la mer.

La maison carrée est le château impérial; le palais est l'hôtel des Bains. Il n'est personne qui ne prenne l'hôtel pour le château et le château pour l'hôtel. Les étrangers n'y manquent jamais. Ils se font conduire à la résidence impériale; ils abordent le chef de l'État et ils lui demandent une chambre à un lit.

Les étrangers arrivent à Biarritz par séries. Les Anglais l'habitent pendant l'hiver, les Espagnols au printemps, les Bordelais en été, et les bonapartistes, avec le chef de l'État, en automne. Maintenant, entre les Bordelais et les bonapartistes, il faut placer une invasion assez curieuse.

A ce moment, — moment solennel, — le pays tout entier, depuis Bordeaux jusqu'à la frontière, se couvre de personnages vêtus de noir, boutonnés jusqu'au menton, qui se promènent de ville en ville, d'hôtel en hôtel, avec un sac de nuit à la main, avec une décoration à la boutonnière et avec des bottes qui ont des yeux partout,

— comme Argus. Quels sont ces étrangers ? Que veulent-ils ? Que font-ils ? C'est ce que personne n'a pu me dire. On a remarqué, cependant, qu'ils envahissaient le littoral à époque fixe : quinze jours environ avant l'arrivée de l'Empereur ; trois semaines tout au plus après le départ des sardines.

Pour comme-il-faut, ils sont comme-il-faut. Seulement on les rencontre partout, et c'est gênant. J'avais toujours peur d'en trouver un sous ma chaise en m'asseyant. Les aubergistes ne se plaignent pas d'eux ; ils payent sans marchander. Quant à leur profession, ils ne la disent pas et gardent sur ce sujet un silence absolu. Il me souvient d'avoir couché dans une chambre d'hôtel où l'un de ces messieurs avait habité pendant trois jours. J'y ai trouvé une perruque blonde, une paire de sourcils en crin et un mouchoir à carreaux. Mais cela ne m'a pas mis sur la voie.

On se croirait en Afrique, lors du passage des sauterelles. Le ciel est calme, l'atmosphère douce et la nature sourit. Tout à coup, à l'extrême horizon, tout au bout d'une ligne de chemin de fer, on voit poindre un convoi de voyageurs. Le convoi s'arrête à la gare. Et, aussitôt, les champs

de maïs, les vignes, les bois, les routes, les chemins pleins de fleurs se couvrent de gens décorés.
On ne voit plus les moissons; la terre disparaît
sous leurs habits noirs. Le paysage se transforme
et il semble que le sol ne produit plus que des
sacs de nuit.

Les habitants, cependant, ne paraissent point
songer à sauver leur récolte. Ils semblent seulement agir et parler avec plus de prudence qu'à
l'ordinaire. Mais, ce que j'ai remarqué avec le
plus de surprise, c'est qu'à ce moment même les
murs des auberges se couvraient comme par en-
chantement de portraits du prince impérial, et
que les bustes du chef de l'État se multipliaient.
C'est un phénomène que je constate, mais que
je n'ai pu encore m'expliquer.

Peu après le départ de la cour, ces êtres bizarres disparaissent, et il n'en est plus question.
Où habitent-ils le reste de l'année? Je n'en sais
rien encore, — quoique, à vrai dire, il me semble
en avoir reconnu plusieurs.

Un surtout. Il venait tous les soirs s'installer
à la table d'hôte, où il mangeait comme huit.
C'était un homme fort bien, sauf le chapeau qui
me paraissait toujours avoir été défoncé. Il parlait peu, écoutait attentivement et se faisait ap-

peler : prince. On avait les plus grands égards
pour lui. Il nous quitta. Huit jours après, en me
promenant dans les rues de Bayonne, je le ren-
contrai, vêtu d'un costume de velours, avec un
orgue de Barbarie sur le ventre, un emplâtre
sur l'œil et conduisant un ouistiti par la main. Je
lui ai donné deux sous.

Cette aventure m'inspira le plus vif désir de
pénétrer le secret de ces individus. J'interrogeai
beaucoup de monde; personne ne put ou ne voulut me répondre. Cependant, comme je causais
un soir avec plusieurs personnes, et que je demandais quels étaient ces gens qu'on appelait
« monseigneur », et qui jouaient de l'orgue pour
vivre, un mien ami me donna la clef du mystère :

— Ce sont, me dit-il en confidence, les princes
allemands qui ont été dépossédés par M. de
Bismark.

XI

Une société d'érudits, assemblés à Genève, s'occupe en ce moment d'une nouvelle traduction de la Bible. La Bible est un de ces livres que les savants traduisent tous les deux ou trois ans, sans être jamais sûrs de leur fait. Il est vrai qu'en général les traducteurs sont bien moins occupés de découvrir le vrai sens d'un texte que de trouver des contre-sens dans la traduction de leurs prédécesseurs.

Il arriva, en 184..., qu'à Marseille on déterra une pierre couverte de caractères phéniciens. Un savant, M. Limbery, se trouvait là. Il déclara l'inscription très-facile à comprendre, et il traduisit :

« Le Sénat et le peuple marseillais... s'engagent à se laver les mains dans le sang du fils de Balhanazar... »

C'était féroce. — Deux mois après, M. de Saulcy vint à Marseille. On lui montra la pierre. Après l'avoir considérée un instant, il déclara ce

texte aussi clair que l'eau de roche, — et il traduisit :

« Les prêtres prélèveront cinq sicles d'argent
pour le sacrifice d'un veau. — La victime sera
payée en sus. »

Comme l'hébreu ressemble beaucoup au phé-
nicien, j'ai toujours pensé qu'il pourrait bien y
avoir quelques *veaux* de ce genre dans la Ge-
nèse. Il y a quatre mois à peine, une grande
discussion s'était élevée pour savoir si l'Évangile
disait : « Il est plus facile à un *chameau* » ou :
« Il est plus facile à *un câble* de passer par le trou
d'une aiguille, » etc.

Or, remarquez que la confusion entre câble et
chameau, qui n'est pas très-grande en cette cir-
constance, peut l'être dans une autre. Prenons
un exemple. Je suppose que dans quelques siècles un savant tombe sur un de nos journaux
quotidiens. S'il traduit de cette manière une
phrase que nous y avons vue souvent :

« Un chameau transatlantique portait les dé-
pêches de Londres à New-York. »

Il faut avouer que nos neveux seront bien mal
renseignés sur notre civilisation.

Ces considérations me font me réjouir de voir
traduire encore la Bible. Peut-être y trouvera-

t-on, cette fois, des choses dont on ne se doute
pas. Sans doute nous croyons tous fermement
à ce que ce livre raconte; mais enfin — pour ma
part — je ne serais pas fâché de savoir si véritablement il raconte ce que nous croyons.

XII

M. Machelard, médecin, a dénoncé au Sénat
MM. Sée et Vulpian, professeurs à l'École de
médecine. Il les accusait d'avoir mal parlé de
l'âme. M. Machelard avait mal entendu. Il était
question d'autre chose. M. Machelard a été ba-
foué. M. Machelard est tombé malade. On a
attribué son état à un témoignage rentré.

Bon nombre de catholiques ont été affectés du
même mal depuis quelques mois. C'est une épidémie qui sévit sur les personnes religieuses.
Les savants prétendent que M. Léopold Giraud
en a apporté le germe dans sa pétition. L'épidémie ne respecte pas même les évêques, et l'on

dit aussi qu'après ses rétractations, Mgr de Bonnechose a eu deux jours de fièvre.

Sérieusement, si j'appartenais au parti qui dénonce les professeurs de l'École de médecine, je ne serais point tranquille. Vous conviendrez que si toutes les fois qu'on accuse faussement un adversaire, toutes les fois qu'on affirme un fait controuvé, on est condamné à une maladie plus ou moins longue, la polémique dite religieuse est absolument impossible. Le bon Dieu devrait y songer. Il n'a, en vérité, pas de pitié pour ses défenseurs. Peut-être cela tient-il à ce qu'il aimerait être défendu autrement.

Donc, le docteur Machelard, abandonné du ciel et des hommes, s'est mis au lit. Les cataplasmes ne l'ont pas soulagé. La douleur était aiguë ; nous qui n'avons jamais eu de témoignage rentré, nous ne pouvons nous faire une idée de ces souffrances-là. Il paraît que c'est atroce. Sur ces entrefaites, est arrivée une missive de Monseigneur Bonnechose, où la maladresse du bon docteur était sévèrement traitée. M. Machelard savait bien que dans le malheur on est abandonné par ses amis ; c'est la règle. Néanmoins il n'a pas trouvé suffisantes les consolations de la religion.

M. Machelard est un homme modeste, inconnu, sourd comme un pot et plein de zèle. Il possède à un si haut degré cette vertu nommée « humilité », qu'on m'annonce aujourd'hui qu'il est désolé d'être devenu célèbre. Il donnait ses soins à M. le curé de Saint-Sulpice, dont il allait régulièrement, tous les dimanches, entendre les sermons. Quand je dis « entendre », c'est une façon de parler. M. Machelard allait écouter les sermons. Il entendait peut-être des gaudrioles. On ne sait pas, on ne saura jamais ce qu'il entend quand M. le curé occupe la chaire. Au moins ne le confiera-t-il pas aux journaux. Il est seulement permis de penser que, puisqu'au cours de M. Sée il comprend le contraire de ce que dit M. Sée, aux sermons de M. le curé de Saint-Sulpice il comprend le contraire de ce que dit ce vénérable ecclésiastique. Or, comme M. Machelard a une foi aveugle en tout ce qu'il suppose qu'on lui enseigne à l'église, il me paraît à peu près certain que son catholicisme n'est pas parfaitement orthodoxe.

On viendrait nous raconter aujourd'hui que M. Machelard nie la divinité de Jésus-Christ; qu'il partage les erreurs des Manichéens; qu'il professe les doctrines funestes d'Arius; qu'il

croit qu'il faut rendre œil pour œil, dent pour
dent; adorer plusieurs dieux; manquer de respect à son père; désirer la femme du prochain;
dérober le bien d'autrui; porter de faux témoignages et manger du rosbif le vendredi, que
nous n'en serions pas étonnés. Nous nous dirions
simplement :

— Il a entendu tout cela à l'église.

Je me demande aussi ce que fera l'âme de
M. Machelard le jour où l'ange du jugement
l'appellera pour comparaître devant lui; où il
lui demandera compte de ses opinions et de ses
croyances. Ne voyez-vous pas, d'ici, cette pauvre âme se frapper le front et s'écrier avec une
douleur profonde :

— Ah! je suis désolée, mon Dieu! véritablement désolée. C'est que j'avais l'oreille un peu
dure. Comment! il fallait obéir aux commande-
ments de l'Église? J'ai cru toute ma vie que c'é-
tait défendu.

C'est pour le coup que Mgr de Bonnechose, —
le frère du célèbre vaudevilliste, — se fâchera
encore! Il sera capable d'envoyer une seconde
lettre au bon docteur, lequel sera contraint de
demander à l'ange du jugement la permission de
se mettre huit jours au lit.

Les docteurs Sée et Vulpian reposent du docteur Machelard. Ce sont les deux héros de la quinzaine. Ils ne se ressemblent point : ni au physique ni au moral. Ils se sont appliqués à des études très-différentes. On doit à M. Vulpian de belles découvertes anatomiques ; il a passé sa vie à scruter le corps humain ; c'est un chercheur. M. Sée, lui, est plutôt un « assimilateur » ; il a condensé, il a résumé et il s'est approprié la science allemande si fort à la mode aujourd'hui. Des observations un peu étroites, un peu mesquines, un peu trop particulières de nos voisins d'outre-Rhin, il a su tirer des conclusions importantes. Il a généralisé, fidèle, en cela, aux grandes traditions scientifiques de notre pays. L'Allemagne a toujours représenté l'esprit d'analyse et la France l'esprit de synthèse. Les deux nations se complètent l'une par l'autre.

La gloire du docteur Sée sera d'avoir révolutionné toute une partie de l'enseignement médical. Ils sont morts, les médecins de Molière, mais ils n'ont point passé sans laisser de traces. Si vous saviez de combien de formules inutiles, terribles, ridicules, ils ont farci les livres de médecine ! C'est à n'y pas croire. Et, ce qui est incroyable aussi, c'est que toute cette friperie scientifique ait duré jusqu'à nos jours ; qu'elle ait encore servi aux hommes illustres qui professaient dans nos écoles, il y a dix ans au plus. Quelle puissance que la routine !

La chaire qu'occupe aujourd'hui M. Sée ne réunissait autrefois autour d'elle qu'un bien petit nombre d'élèves. Le professeur chargé de la leçon enseignait les diverses propriétés des médicaments. On étudiait les vertus de la menthe poivrée ; on s'étendait longuement sur les qualités de la mauve ; on se perdait en conjectures sur les effets possibles du chiendent. D'idées générales, de grandes vues scientifiques, point. C'était un petit cours d'herboristerie assez anodin. M. Trousseau le faisait d'une façon très-amusante, parce que l'éminent docteur savait mettre de l'esprit dans tout ce qu'il disait. Mais, en somme, il n'apprenait rien ou pas grand'chose. On croyait encore à cette époque (il y a quelques années à peine) à la puissance et au nombre des médicaments. Pour composer la thériaque, on en mêlait soixante-deux. L'un devait agir sur les nerfs ; l'autre adoucir l'âcreté des humeurs, l'autre, etc., etc. Les médecins ont aujourd'hui reconnu la puérilité de ces entassements de drogues, et la devise de la médecine est devenue : « Le moins de médicaments possible. » Ce qu'on nous en donne suffit encore, — je crois, — pour nous faire du mal.

J'ai entendu une fois un savant très-connu définir ainsi le médecin :

« Un homme qui joue à colin-maillard et qui attrape tantôt le malade et tantôt la maladie. »

M. Sée n'a point suivi les errements de ses devanciers. Il laisse à peu près de côté leur enseignement terre-à-terre. Il voit de plus haut et il voit plus loin. A ses débuts, il avait rencontré de vives résistances parmi les élèves. Beaucoup le repoussaient, parce qu'il était libre-penseur. Son grand talent a triomphé de toutes les oppositions. Et aujourd'hui, grâce aux dénonciations du Sénat, M. Sée n'a plus que des enthousiastes.

Comment l'Église, qui doit sa puissance, sa force et sa gloire aux persécutions qu'elle a subies, s'avise-t-elle de persécuter à son tour ? Que peut-elle gagner à imiter ses ennemis d'autrefois ! Peut-être, sans les brochures de Mgr Dupanloup; sans les articles de M. Veuillot, sans les discours de Mgr de Bonnechose, n'y aurait-il que peu ou point de matérialistes à l'École de médecine. Voilà le résultat des polémiques violentes et des dénonciations ridicules. On veut perdre MM. Sée et Vulpian, on ne fait que mettre en lumière le mérite de M. Vulpian et de M. Sée. Je commence à croire que l'Église est mue par une pensée charitable et que, lorsqu'elle persécute, elle veut rendre à ses ennemis le bien pour le mal.

L'Algérie! voilà un pays dans les affaires duquel nous aimerions à voir clair. Nous autres, Parisiens, nous ne comprenons rien à ce qui s'y passe. J'ai été mis dernièrement en relation avec deux ou trois des plus riches de nos colons d'Afrique; des hommes fort capables et fort intelligents, je vous assure, et qui en remontreraient, sur beaucoup de questions, à nos politiques et à nos économistes les plus en vogue. Ils me racontaient, entre autres choses, une anecdote curieuse et qui peint bien l'état dans lequel se sont trouvées nos possessions d'outre-mer. Voici longtemps, bien longtemps de cela. Quand on raconte une histoire de ce genre, il faut commencer de la même façon qu'on commencerait un conte de fées. Donc, il y avait une fois un vieil officier, qu'on avait envoyé sur la frontière du désert, dans un village où habitaient quelques colons. Comme le village se trouvait situé sur le « territoire militaire », l'officier devait remplir les fonctions de magistrat civil, c'est-à-dire marier les gens, inscrire les naissances, constater les décès, juger les petits différends, etc. L'officier achète un code chez un libraire d'Alger ; il part ; il s'installe, il reste plusieurs années dans sa nouvelle résidence.

Au bout de ce temps, le gouverneur général, qui l'avait à peu près oublié, voulut savoir ce qu'il faisait et ce que devenait le district confié à ses soins. Il lui envoya un de ses aides de camp. L'aide de camp arriva escorté de plusieurs spahis.

— Eh bien, mon officier, tout va-t-il bien, chez vous?

— Oui, tout va bien. Il n'y a que ces colons qui me donnent une besogne du diable. Croiriez-vous qu'ils font tous mauvais ménage? Si je n'étais pas là pour mettre de l'ordre dans leurs affaires...

— Ah! bah! que faites-vous?

— C'est bien simple. Dès que je vois les choses tourner mal, j'interviens et je prononce le divorce !

— Hein?... Le divorce!!!... Y songez-vous?

— Le code l'autorise.

— Quel code ?

— Le mien.

— Allez me le chercher.

L'officier va chercher son code. Hélas! il autorisait en effet le divorce. C'était un vieux code. Un code du premier empire! L'officier ne savait pas qu'il eût été réformé depuis.

On essaya de réparer ses bévues. Il n'était plus temps. L'officier avait remarié tous les ex-conjoints.

Qui pourra jamais raconter en détail les misères de la vie d'auteur? Un jeune vaudevilliste était dernièrement en instance auprès de son tailleur pour obtenir de lui quelques vêtements. Le tailleur ne voulait rien entendre.

— Au moins, faites-moi un pantalon! disait le vaudevilliste.

— Eh bien, soit! fit un jour le tailleur. Mais à une condition. Abandonnez-moi la moitié des droits que rapportera votre prochain ouvrage. Vous avez justement une pièce reçue au théâtre de *** (ici le nom d'un *boui-boui*). Elle vous fera bien gagner cinquante francs. Vous m'avouerez pour votre collaborateur. Il me reviendra donc vingt-cinq francs et quelque gloire. C'est juste le prix d'une culotte.

— Soit! s'écria l'auteur.

Le jour de la première représentation arrive. Le nom du tailleur brille sur l'affiche. Mais, hélas! la pièce tombe à plat. Le public siffle. Il ne veut pas entendre le dénoûment.

Le lendemain, l'auteur reçoit un billet ainsi conçu :

« Le vaudeville ne vaut rien. Rendez-moi ma culotte. »

L'auteur furieux saisit une paire de ciseaux, prend le vêtement en question, le coupe en deux, et renvoie la jambe droite au tailleur avec cette fière réponse :

« Je vous ai donné la moitié d'une de mes pièces. Je vous rends la moitié de votre pantalon. Nous sommes quittes. »

Le tailleur veut porter l'affaire devant les tribunaux.

A propos d'auteurs, encore, voici une histoire que racontait dernièrement M. A. Dumas fils. C'était dans un théâtre de province. Un monsieur entre et s'assied dans une loge de face. Quelques instants après, un autre monsieur prend place dans la loge à côté. Aussitôt le premier monsieur se lève et lui allonge un formidable soufflet. Grand bruit dans la salle. On se retourne, on crie. Le monsieur souffleté fait signe qu'il veut parler. Le public se tait.

—Messieurs, dit-il, montrant son ennemi, que ça ne vous étonne pas. Je lui avais donné une giffle l'année dernière!

XIII

Les Parisiens se reposent pendant l'été. Mais la mort, elle, ne chôme pas. Pourquoi la chaleur ne l'empêche-t-elle point de travailler? Nous lui accorderions si bien quelques mois de vacances, soit qu'elle désirât aller aux eaux, soit qu'elle voulût prendre les bains de mer. Malheureusement elle ne demande jamais de congé. C'est un exemple à proposer aux journalistes et aux ténors.

Le personnage qu'elle a frappé cette semaine

n'est peut-être point des plus regrettables. Il se nommait le marquis de Maubreuil d'Orvault. Quoi qu'il en soit, je le regrette un peu. C'était une physionomie assez originale, assez bizarre, peut-être bien assez odieuse, mais qui, dans ces derniers temps, n'a point manqué d'un certain comique. Au moins n'ai-je jamais pu prendre au sérieux ce conspirateur farouche qui a passé sa vie à faire avorter des complots. Disons aussi que ses procès, ses passions et son mariage ont défrayé longtemps la chronique. La chronique lui doit de la reconnaissance. Il est vrai que le marquis avait été trop loin : il avait étalé, au grand soleil, tous les détails de sa vie privée, et la chronique — qui n'est pas prude cependant — avait dû reculer, prise d'horreur et de dégoût !

Tout ce que je sais personnellement du marquis d'Orvault, le voici : Je me trouvais à Nice, en 1860, sur le navire qu'avait frété notre maître illustre, Alexandre Dumas, pour visiter la Sicile. La goëlette était mouillée au milieu du port. Un soir, — le soleil venait de se coucher et la ville déjà se perdait dans une ombre épaisse, — nous causions, assis sur le pont, quand tout à coup un grand bruit se fit à l'arrière. Nous

nous retournâmes étonnés. Un homme était debout, près du gouvernail. D'où venait-il? Qui l'avait amené? On n'avait pas vu de barque nous accoster, on n'avait pas entendu de rames frapper l'eau. L'étranger portait sur sa tête une sorte de tromblon à larges bords; il était complétement enveloppé d'un long manteau noir, — une sorte de manteau de théâtre, — qui cachait à demi des bottes molles. Entre le manteau et le chapeau, on distinguait vaguement une barbe blanche. Cet être bizarre se tenait immobile sans proférer une parole, satisfait sans doute d'avoir *surgi* inopinément parmi nous comme un personnage de Ponson du Terrail; heureux aussi, peut-être, de l'effet qu'il venait de produire. J'entendis alors une des personnes présentes qui disait à une autre, tout bas :

— C'est Rocambole.

A quoi l'autre répondit :

— Non! c'est Dumaine. Dumaine est à Nice. Voici l'heure où commencent les spectacles. Il se croit encore à la Gaîté. Écoutons le prologue.

L'inconnu, à ce moment, étendit le bras et poussa un soupir comme s'il éprouvait quelques difficultés à parler; puis, d'une voix sépulcrale :

— Monsieur Alexandre Dumas? fit-il.

Un domestique circassien, que le grand romancier avait ramené du Caucase, se trouvait là par hasard. Ce Circassien n'était pas initié à toutes les finesses de la langue française. Il se contenta de répondre avec simplicité :

— Qu'est-ce que tu veux, toi?

L'inconnu reprit, toujours avec cette voix terrible :

— Annoncez le marquis de Maubreuil d'Orvault.

M. Dumas était dans sa cabine. Il monta et le marquis l'entraîna à l'avant, où ils se perdirent dans la nuit. L'entretien dura une bonne heure. M. de Maubreuil venait simplement prier A. Dumas de vouloir bien adoucir certaines pages des *Mémoires*, où il se trouvait assez maltraité. Je ne sais s'il obtint ce qu'il désirait, mais il revint toujours enveloppé dans son grand manteau, avec la même allure tragique. Il nous salua; il se dirigea vers l'arrière, et nous le vîmes disparaître dans les ténèbres, — subitement, — comme il était venu. On n'entendit rien encore : ni un bruit de rames, ni un clapotement de l'eau; on ne vit rien. Les ténèbres entouraient le navire, profondes, impénétrables, mystérieuses. Je n'avais jamais assisté à un spectacle aussi émouvant, — même à l'Ambigu. Il me semblait que le premier acte d'un drame de Dennery venait de finir. J'attendais même que le second acte commençât, lorsque je fus brusquement tiré de cette rêverie. Le docteur du bord, qui avait la même idée que moi, s'était mis à crier à tue-tête :

— Orgeat, limonade, bière !

Depuis ce temps, je n'avais jamais pu entendre parler du marquis de Maubreuil d'Orvault sans éprouver quelque envie de rire. Je n'ai jamais pu, non plus, regarder ses tentatives d'assassinat, ses fureurs, ses audaces, comme bien réelles. Malgré moi, il me fait toujours l'effet d'un pauvre homme qui a pris la politique pour un mélodrame, le monde pour un théâtre du boulevard. Il ambitionna d'y jouer les traîtres, et la douleur de toute sa vie fut de n'avoir obtenu qu'un emploi de comparse. C'est en cette qualité, probablement, qu'il recevait une pension du chef de l'État.

Ce que je ne prendrai jamais bien au sérieux, non plus, je le sens, ce sont les harangues, discours, rapports, etc., de la plupart de nos fonctionnaires. Ces messieurs montrent un tel penchant à se louer, à s'admirer eux-mêmes ou entre eux, que parfois on ne peut s'empêcher de sourire. Vous n'avez peut-être pas lu le long dithyrambe que M. Haussmann vient de publier sous forme de rapport. M. Haussmann a employé six colonnes du *Moniteur* à s'extasier devant ses œuvres. Il faut être préfet pour se permettre cela. Personne ne souffrirait pareille chose d'un homme de lettres.

Le plus beau modèle de style officiel nous a été donné cette semaine par un maire de province. Il a dit à son préfet :

« Éclairez-nous du flambeau divin de votre intelligence ! »

La phrase a fait du bruit, comme vous pensez. Mais on aurait été plus surpris encore, si l'on avait su que ce maire est officier de l'académie de sa ville. Ce titre d'officier lui a été conféré immédiatement après une harangue adressée par lui à « M. le recteur et abbé Juste ». Un de mes correspondants m'adresse cette pièce curieuse. J'en détache quelques échantillons. Vous verrez que si les maires nommés par le gouvernement se montrent pleins de zèle, leur syntaxe n'est pas toujours à la hauteur de leur dévouement.

Voici le début :

« Nous sommes heureux de pouvoir contempler, avec une respectueuse admiration, l'illustre orateur (l'abbé Juste), fidèle image de l'Incarnation ! »

L'Incarnation est dans le texte. Je n'y puis rien changer. Je me demande seulement comment un orateur peut représenter le divin mystère, en être la fidèle image. On aura beau me dire que ce mystère ressemble à l'abbé Juste, je répondrai toujours : C'est possible, mais je me le représentais autrement.

Le susdit maire continue ; et après avoir dit que le recteur était à la fois Massillon, Fénelon et Bossuet, — ce qui me paraît beaucoup, — il termine en s'écriant :

« Je remercie le prêtre de faire pour nous du jour de l'Ascension le jour de la Pentecôte, en déversant sur cette réunion une céleste auréole ! »

Voilà le style officiel dans tout son éclat. Une auréole déversée ; le jour de l'Ascension qui devient le jour de la Pentecôte, rien n'y manque. L'officier d'académie se révèle dans cette dernière période. Heureusement, cette académie-là n'est point chargée de reviser le Dictionnaire ! Il est vrai qu'elle ferait peut-être comme sa sœur de Paris, c'est-à-dire qu'elle ne ferait rien.

On nous dit maintenant que les maires sont toujours choisis parmi les personnes les plus lettrées et les plus distinguées d'une ville. On nous le dit chaque jour. Pour ma part, je veux bien le croire. Mais si le maire en question est le plus éloquent du pays, j'avoue que je serais curieux de lire les discours prononcés par ses adjoints.

———

XIV

Avant-hier, trois magistrats qui voyageaient à pied, pour leur plaisir, ont été pris pour des incendiaires et arrêtés par les paysans des environs d'Annecy. Ces honorables citoyens ont eu beau exhiber leurs papiers et leurs croix, rien n'y a fait : on les a coffrés. En vérité, cependant, on ne peut pas exiger que, pour faire constater leur identité, les magistrats emportent un palais de justice dans leur valise. Ce serait gênant. Sans compter que les compagnies de chemins de

ler leur demanderaient un fier excédant de bagages. Et puis, qui sait? Un magistrat peut se
trouver à court d'argent — comme nous tous
— et mettre le palais de justice de sa ville natale
au mont-de-piété. Or, je le demande, que pen-
seraient les étrangers, lorsqu'après avoir fait
cette question :

— Vous avez un palais de justice, ici?

Ils verraient le *cicerone* leur répondre d'un
air navré:

— Mon Dieu, oui, messieurs; mais il est chez
ma tante.

Quoi qu'il en soit, j'ai appris avec plaisir, je
l'avoue, l'emprisonnement de ces messieurs. Non
que je leur en veuille : loin de là! mais parce que
je ne serais pas fâché que les juges pussent
connaître, par eux-mêmes, les peines qu'ils in-
fligent chaque jour. Cela les rendrait plus in-
dulgents en maintes occasions, j'en suis sûr. Il
me semble que si l'on avait été guillotiné seulement une fois dans sa vie, on hésiterait ensuite
à prononcer une condamnation à mort.

Qu'on ne s'y trompe point, je n'entends pas
qu'on guillotine la magistrature en masse, pour
lui inspirer des sentiments tendres à l'endroit des
accusés, mais je voudrais qu'un homme qui en

condamne un autre à dix, vingt, trente ans de prison ou de travaux forcés, sût bien ce que c'est que les travaux forcés et la prison. Je suis persuadé que si on envoyait cet homme à Cayenne, au lieu de sculpter, comme ses compagnons, des étuis et des ronds de serviettes, il emploierait ses loisirs à réformer le Code pénal. Or, qui sait si le Code pénal n'a pas plutôt besoin d'être travaillé que les noix de coco ?

<hr>

XV

J'ai une confession à faire : un *meâ culpâ* à dire : je reconnais publiquement, aujourd'hui, la nécessité des *Communiqués*. Ce ne sont pas les articles de la *Situation* qui m'ont convaincu, je l'avoue. C'est le récit de ce qui s'est passé à Lectoure le 4 octobre courant. Un journal du canton, le *Lectourois*, abusant de la crédulité de ses lecteurs, avait, avec la plus cynique mauvaise foi, annoncé « qu'un poulet mort, jeté le dimanche précédent, rue Impériale, y était resté le lundi et presque toute la semaine. »

La portée de cette nouvelle n'échappera à personne. Heureusement l'administration était là.

Le lendemain, un *Communiqué*, apporté par deux sergents de ville, rectifiait le fait. Il disait : « Aux termes de l'article 19 du décret du 17 février 1852, etc., etc. »

« Le poulet mort, jeté sur la rue Impériale, n'y est point resté presque toute la semaine. Il a été enlevé et enfoui le lendemain matin, lundi, de très-bonne heure. »

Je n'irai pas jusqu'à m'écrier : « La France est sauvée ! » Non. Mais enfin, la vérité est connue ; le peuple est éclairé ; l'erreur se dissipe. Ce poulet ne peut plus devenir une arme aux mains des partis. Et si, par hasard, quelque fauteur de troubles, quelque esprit inquiet, maître Berryer, par exemple, montait un jour à la tribune pour faire cette question insidieuse au gouvernement :

— Qu'est devenu le poulet mort, jeté le 4 octobre rue Impériale ?

M. Rouher pourrait lui répondre avec cette assurance que donne une conscience pure :

— On a enfoui ce poulet le lundi matin. Et

nous le disons avec orgueil, pas une faute n'a été commise !

Il faut donc féliciter l'administration du zèle et de l'habileté dont elle a fait preuve. Avec cette intelligence fine et déliée que nous sommes les premiers à reconnaître, elle a compris tout de suite que la Constitution rendant le chef de l'État responsable de tout ce qui se passe en France, on ne manquerait pas de l'accuser du séjour de ce poulet sur la voie publique. Si la nouvelle s'était propagée, ce poulet aurait fini par saper les bases du gouvernement personnel. La presse officieuse se serait vue dans la nécessité d'attribuer l'abandon dudit poulet aux machinations des vieux partis. Manœuvre difficile ! tâche épineuse ! Cela aurait coûté un premier-Paris à M. Dréolle. Il me semble que je lis dans la *Patrie :*

« La révolution est de nouveau déchaînée, mais notre attitude ferme saura la contenir. Des agents de police ont trouvé hier un poulet rue Impériale. Il était mort. On frissonne en songeant qu'il pouvait être en vie ! »

Quand, cependant, on veut ne plus songer à tous les dangers que ce poulet nous faisait courir, on est forcé de reconnaître une chose : c'est que le communiqué adressé au *Lectourois* est simple, net, clair, et de beaucoup préférable à ceux qu'envoie ordinairement M. Haussmann. Il rectifie une erreur tout simplement, en deux lignes. L'administration a été attaquée, elle se défend, elle ne cherche pas à se mêler de ce qui ne la regarde pas. Entendus de cette façon, les communiqués pourraient avoir de bons effets. Mais quand l'administration veut faire de la littérature et se lancer dans des considérations sur l'abus de l'esprit, je crois qu'elle s'égare. L'administration jette au panier le cadavre d'un poulet, c'est son devoir ; elle affirme qu'elle l'a jeté, c'est son droit. Par exemple, si elle trouvait, par hasard, sur le trottoir, un peu de cet esprit dont M. Villemot abuse, je lui conseillerais de le garder pour elle.

XVI

Elles sont finies, les réceptions de Compiègne. C'est en vain qu'on tenterait de nous persuader qu'elles ont coûté des sommes fabuleuses. Le

Moniteur nous affirme que ces réceptions étaient D'UNE SIMPLICITÉ INCROYABLE. Nous devons croire le *Moniteur*. La vérité, qui a quitté son puits, habite aujourd'hui les bureaux du journal officiel. C'est à peine si, pour la présenter au public, on la couvre avec le pantalon de M. Rouher, la redingote de M. Norbert-Billiart, et le pardessus de M. Wittersheim. Quelqu'un qui écarterait ces légers voiles la trouverait nue comme par le passé.

L'opposition a calomnié, selon son habitude. Laissons-la crier! On n'a rien dépensé à Compiègne. C'est à peine si chaque série revenait à 10 sous, l'une dans l'autre. Et il en devait être ainsi. Quand la misère, à Paris, est affreuse; quand les pauvres gens n'ont pas de bois pour se chauffer, pas de chambre pour s'abriter du froid; quand le commerce se plaint; quand notre industrie souffre; quand nous sommes menacés d'une guerre épouvantable; quand cinq cent mille Arabes meurent de faim et que l'Algérie ressemble au radeau de la *Méduse*, ce n'est pas le moment de gaspiller des millions en voitures, en soie, en dentelles et en fausses nattes.

Le gouvernement l'a compris. Les médisances tombent d'elles-mêmes. Elles étaient cependant bien habiles ! On racontait, par exemple, que le chef de l'État s'était acheté trente chevaux. On négligeait d'ajouter qu'ils étaient à bascule.

Calomniez, disait Basile, il en restera toujours quelque chose !

Un invité de la soixante-quinzième série, qui arrive à l'instant, m'apporte les détails les plus circonstanciés sur les réceptions de Compiègne. Je suis heureux de les donner à mes lecteurs. Ils verront quelle importance on doit attacher aux radotages des journalistes.

UNE RÉCEPTION

Un salon très-simple. A gauche, un poêle de fonte. (On ne brûle que du coke). Çà et là quelques chaises de paille. A droite, sur le mur, un portrait de Napoléon venant de l'imagerie d'Épinal. Il fait pendant au *Juif-Errant*. Au milieu, une table de sapin et deux chandelles. — Personnages officiels, invités, etc. Au fond, Joseph. — Domestiques.

S. A. LA PRINCESSE DE METTERNICH, *à S. M. l'impératrice.* — Dieu ! que Votre Majesté a une jolie petite robe de jaconas !

S. M. L'IMPÉRATRICE. — Elle me revient cher : six sous le mètre !

LA PRINCESSE DE METTERNICH. — J'en ai trouvé une à quatre sous, mais moins belle. Ces diamants jettent des feux incomparables!

S. M. L'IMPÉRATRICE. — Ah! c'est de la pierre à fusil; ça coûte 25 centimes, mais ça fait de l'effet. Au reste, je ne veux plus porter que des bouchons de carafe.

M. LE MARÉCHAL VAILLANT, *à part*. — Il fait soif, cristi!

LE CHEF DE L'ÉTAT. — Joseph, faites passer le coco.

(Joseph circule.)

S. EXC. M. PINARD, *poussant le coude de Joseph*. — Dites donc : n'y aurait-il pas moyen d'ajouter un bâton de réglisse?

JOSEPH. — Hein?

S EXC. M. PINARD, *bas*. — Un bâton de réglisse?... Le coco est d'un fade!...

JOSEPH. — De la réglisse?... On a tout distribué aux indigents.

S. EXC. M. PINARD, *à part*. — Folle générosité!... Quels cœurs d'or!...

(Le chef de l'État mouche la chandelle.)

S. EXC. M. ROUHER, *s'approchant*. — Mon Dieu! sire, que votre habit a de grâce!... Quelle

7

est donc la maison qui vous habille?... Moi, je vais au *Prophète*.

LE CHEF DE L'ÉTAT, *d'un air détaché*. — Mon portier est tailleur!...

S. EXC. M. ROUHER. — Je vais lui commander un pantalon!...

S. EXC. M. MAGNE, *éteignant une des chandelles*. — Faisons des économies!... Dix centimes de moins au budget!...

S. EXC. M. FORCADE DE LA ROQUETTE, *bas à Joseph*. — Prêtez donc votre mouchoir au chef de l'État!

JOSEPH. — Mon mouchoir!...

S. EXC. M. FORCADE DE LA ROQUETTE. — Vous savez bien qu'il n'en a plus. Il a donné la dernière douzaine pour faire des layettes aux petits Arabes. Le voilà qui éternue!...

    (*Joseph prête son mouchoir. On le décore. Moment de silence.*)

S. EXC. LE MARÉCHAL NIEL. — Cristi! que j'ai faim!...

LE CHEF DE L'ÉTAT. — Le fromage d'Italie est sur la cheminée.

S. A. MADAME LA PRINCESSE DE METTERNICH. — Si nous faisions un peu de musique?

S. M. L'IMPÉRATRICE. — Joseph, faites monter le joueur d'orgue.

(Entrée du joueur d'orgue.)

S. EXC. M. PINARD. — Une romance patriotique ; quelque chose de la reine Hortense !

LE JOUEUR D'ORGUE

(Air connu.)

Dunois était un luron,
Il s'en allait à la guerre
Et bon !
De la Bretonnière!
Et
Vive Napoléon !

DEUXIÈME COUPLET

Il fit un serment, c' garçon,
Il le traça sur la pierre !
Et bon !
De la Bretonnière !
Et
Vive Napoléon !

TROISIÈME COUPLET

Il se battit comme un lion,
Il mit l'ennemi par terre
Et bon !
De la Bretonnière !
Et
Vive Napoléon !

QUATRIÈME COUPLET

Son maîtr' pour sa belle' action
Lui donn' sa fille la plus chère !
Et bon !
De la Bretonnière !
Et
Vive Napoléon !

CINQUIÈME COUPLET

Il fit son fils de c' garçon ;
Dunois avait su lui plaire !
Et bon !
De la Bretonnière !
Et
Vive Napoléon !

MORALITÉ

SIXIÈME COUPLET

Pour se faire un' position
L'tout c'est de bien choisir son père !
Et bon !
De la Bretonnière !
Et
Vive Napoléon !

(*Tout le monde en chœur.*)

Et bon !
De la Bretonnière !
Et
Vive Napoléon !

S. EXC. M. PINARD. — Bravo! délicieux!...
(Le joueur d'orgue fait la quête. Il récolte 20 centimes.)

S. EXC. M. BAROCHE. — J'ai toujours aimé les plaisirs simples... les chants du peuple... la *Marseillaise*, par exemple. Mais ça, c'est plus joli.

LE CHEF DE L'ÉTAT. — Le moment est venu de jouer au *loto*.

S. EXC. M. BAROCHE. — Tous les plaisirs!...

S. EXC. M. MAGNE. — Pardon, sire!... jouons à l'*oie*. Ça coûte moins cher à la France. (*A part.*) Encore une économie!...

LE CHEF DE L'ÉTAT. — Soit!

S. EXC. M. BAROCHE. — Où est la cagnotte?...

S. EXC. M. MAGNE. — Le produit sera employé à combler le déficit!... (*A part.*) Je suis roublard.
(On se range autour de la table de sapin; la partie commence. Silence général.)

S. EXC. M. PINARD. — Je suis dans le bosquet! *(Tout le monde se lève.)*

LE CHEF DE L'ÉTAT. — Messieurs, il est huit heures et demie... l'heure du repos.
(Les invités se retirent).

JOSEPH, *resté seul, se précipite vers la cheminée.* — Ils n'ont même pas laissé de fromage d'Italie !...

ÉPILOGUE

(La scène représente un terrain vague. Cinq cent mille Arabes sont couchés çà et là, S. Exc. M. Rouher a déclaré qu'on ne changerait rien à la situation de l'Algérie.)

(*Le gouvernement traverse la scène pour rentrer chez lui.*)

LES ARABES. — La charité, mon bon monsieur !

LE GOUVERNEMENT. — Je n'ai plus de monnaie. — D'ailleurs, vous avez déjà mangé trois cagnottes. (*Il sort.*)

(*Les Arabes disparaissent.*)

Je connaissais beaucoup, autrefois, le fils d'une vieille avare qui — par-dessus le marché — était entichée de *spiritisme.* Ce pauvre garçon n'avait jamais un sou vaillant; de plus, il était persécuté par sa mère. Elle voulait qu'il devînt médium. Lui s'y refusait énergiquement.

Son opiniâtreté avait tellement irrité la vieille femme qu'elle le laissait manquer de tout. C'est au point qu'il en était réduit parfois à nous emprunter des habits ou à nous demander à dîner. Un beau matin, il alla trouver sa maman.

— Ma mère, dit-il, je sens que je deviens médium.

— Comment cela?

— L'esprit m'a visité cette nuit. J'ai besoin d'évoquer un mort.

La vieille femme lui sauta au cou.

— Donnez-moi ce qu'il faut pour écrire!

— Voilà, mon enfant!

— Qui voulez-vous que j'évoque?

— Saint Bernard.

Le jeune homme parut agité d'un tremblement nerveux. Il leva les yeux au ciel, puis il griffonna quelques lignes sur une feuille de papier.

La mère s'empara de la feuille aussitôt, et voici ce qu'elle lut :

« Donnez cinq cents francs à votre fils. »

Signé : Saint Bernard.

Ce jour-là, j'ai compris le spiritisme, et je professe aujourd'hui un grand respect pour cette religion.

M. Allan-Kardec, l'apôtre, ou plutôt l'inventeur du spiritisme, est mort aujourd'hui. Il est allé rejoindre saint Bernard, Socrate, Platon, Jésus-Christ, dans les guéridons qu'ils habitent en récompense de leurs vertus. Que Dieu ait pitié de son âme! Qu'il daigne ne point lui faire faire son purgatoire dans une table de nuit!

Mais le spiritisme, lui, vit encore. Nous avons encore en France des gens qui croient aux esprits, et qui interrogent leurs assiettes ou leur chapeau sur les secrets de la vie future. Pouvons-nous, après cela, nous moquer des sauvages, de leurs dieux en bois peint et de leurs anguilles sacrées ?

La reine de Mohély vient d'arriver à l'hôtel du Louvre. Vous savez que cette souveraine couleur acajou, ou, comme dit Ch. Joliet, « couleur armoire à glace », est venue à Paris, accompagnée d'un cuisinier et de quelques autres grands personnages. Vous savez aussi, sans doute, que

dans son pays, l'été, elle habite une sorte de cage
plantée sur quatre piquets et élevée de plusieurs
mètres au-dessus du sol. A l'heure des audiences, on applique une échelle à la cage. L'heure
des audiences passée, on retire l'échelle, et c'est
fini. Personne ne peut plus voir la reine.

Il paraît qu'un jour un jeune diplomate européen avait une communication importante à
faire à S. M. Fatouma. Il part pour sa résidence;
il arrive. L'échelle était retirée. Il s'approche
néanmoins. Entre les piquets se promenait un
chambellan, — un chambellan indigène, — c'est-
à-dire un chambellan vêtu comme Adam avant
le péché. Un chambellan qui n'avait rien pour
se couvrir : pas même sa clef !

— Peut-on voir la reine ? demande le diplomate.

— L'échelle est retirée.

— Alors c'est impossible ?

— Complétement impossible.

Le jeune diplomate ne pouvait attendre au
lendemain. Il se grattait la tête, désolé, quand
soudain il avise un gros arbre, superbe, dont une
branche, assez forte, s'étendait au-dessus de la
cage. Voilà mon affaire, songea-t-il. Et aussitôt,
utilisant tout ce qu'il avait appris de gymnas-

tique dans sa jeunesse, il se met à grimper comme un fou.

— C'est tout à fait contraire à l'étiquette! criait le chambellan, qui avait deviné son projet. Mais qu'importe l'étiquette ? Mon diplomate enfourche la branche ; il s'avance ; il approche de la cage... la branche plie... Que lui importe !

— Grande reine ! s'écrie-t-il... La reine lève la tête et l'aperçoit au-dessus d'elle, perché comme un oiseau. La conversation s'engage. « Tout cela est contraire à l'étiquette, » continuait à crier le chambellan. Encore une fois qu'importe l'étiquette ? Le diplomate remplit sa mission. Il fait les compliments d'usage, lorsque tout à coup la reine s'écrie :

— L'audience est levée !... La branche casse !

Il était trop tard. Le diplomate était en route pour la terre... il tombe... O surprise ! il tombe sur quelque chose de mou, qui s'aplatit, s'écrase, et le sauve... Et ce quelque chose, en s'aplatissant, murmurait :

— C'est complétement contraire à l'étiquette !

Le chambellan avait fait matelas.

Tout nous porte à croire que ce n'est point ce chambellan-là que la reine de Mohély a amené avec elle. Quand le diplomate se releva, ledit

chambellan était bon à mettre dans un her-
bier.

Un personnage officiel qui a été presque aussi
maltraité que ce chambellan, c'est M. Ingres. Je
n'ai pas été voir, — je le confesse, — les projets
de statue qu'on a exposés à l'Ecole des beaux-
arts, mais il paraît que c'était assez comique.
Il est vrai qu'il me semble impossible de faire
quelque chose de bien avec un sénateur, — à
cause du costume, s'entend. L'habit brodé et le
pantalon ne prêtent pas à la sculpture. Et puis
nous exigeons maintenant la ressemblance du
corps comme celle de la tête. Or, je crois pouvoir
dire, sans offenser sa mémoire, que M. Ingres
était mal bâti. Faites donc une belle statue avec
un poussah ! Les anciens, qui avaient des idées
plus justes que nous en fait d'art, donnaient à
tous leurs héros les formes d'Antinoüs. Si les
héros étaient bossus, boiteux ou culs-de-jatte,
tant pis ! La postérité devait l'ignorer. Et cette
beauté incomparable, dont les artistes les ont revêtus, entre peut-être pour quelque chose dans
le respect que nous leur portons. Si nous savions,
par exemple, que Platon ou Phidias ressemblaient à Polichinelle, peut-être aurions-nous
plus de peine à les admirer.

Une chose qui me paraît bien puérile aussi, c'est le soin qu'ont pris tous les concurrents d'écrire sur le piédestal : « M. Ingres, sénateur. » Cela rappelle un peu ce portier de l'hôtel de ville, qui montrait les appartements aux étrangers et disait, arrivé devant les plafonds de Delacroix : « Ah ! ça, c'est d'un conseiller municipal ! » Certainement, si M. Ingres, comme je le crois, passe à la postérité, ce ne sera pas comme sénateur. Comme sénateur, rien ne le distinguait de M. le général Husson et de beaucoup d'autres. Il votait avec le gouvernement, ne disait jamais un mot, et touchait religieusement ses trente mille francs. Tout le monde ou à peu près est capable d'une pareille besogne. Mais ce que tout le monde ne saurait faire, c'est la *Stratonice*, le *plafond d'Homère*, la *Source*, etc. Et ce sont ces œuvres qui recommanderont M. Ingres à l'attention des siècles à venir, et peut-être, qui sait ? aura-t-il besoin d'elles pour se faire pardonner de s'être mêlé de politique ! Quand nos petits-neveux liront sur le piédestal de la statue du maître : « Sénateur, » j'imagine que nos petits-neveux riront bien.

Je ne veux pas terminer sans vous parler des préfaces, souvent admirables, que M. Dumas fils place en tête de ses œuvres. Vous savez déjà que la préface du *Demi-Monde* contient un « éreintement » formidable de Scribe. M. Sarcey a pris vigoureusement la défense du maître, ainsi que M. Étienne Arago. Le débat fait grand bruit dans le monde des lettres. Comme on s'étonnait dernièrement dans une réunion artistique du profond dédain avec lequel M. Dumas fils traite l'auteur d'*Une chaîne* :

— Ne voyez-vous pas, fit une dame, que c'est une finesse de l'auteur ? Il a dit de Scribe tout ce qu'il pensait de Sardou !

XVII

Nous possédons, à Paris, une école d'admiration mutuelle pour les adultes : c'est l'Académie. On y prépare pour après-demain une séance solennelle. MM. Nisard et Cuvillier-Fleury vont se congratuler en public. Ce sera très-brillant. Les Parisiens sont friands de ces sortes de spectacles, qui, cependant, commencent à devenir monotones. L'affiche annonce toujours une représentation extraordinaire, et, au fond, on nous donne toujours la même comédie.

J'avoue que je ne payerais pas cinquante centimes une avant-scène. Rien ne me paraît plus ennuyeux que ces sortes de cérémonies réglées d'avance comme les courses de l'Hippodrome. D'autant plus que, toujours comme ces courses, elles sont en général, assez plates. On sait parfaitement d'avance ce qui s'y dira et ce qui s'y fera. Cela n'a pas changé depuis deux siècles. Le récipiendaire a passé un mois à embaumer son prédécesseur avec les fleurs de la rhétorique. Il arrive au palais Mazarin, ayant le mort dans sa poche. On commence. Il tire le mort des profondeurs de son habit; il le montre à l'assemblée; il le déshabille et le rhabille. Puis, pour étaler toute son habileté oratoire, il se met à jongler avec. Il l'envoie au plafond. Il le reçoit dans sa main droite; dans sa main gauche; sur sa botte; sur son nez, etc., etc. L'académicien qui doit répondre se lève au bout d'une heure et tend le bras :

— A mon tour! — passez-moi le mort, s'il vous plaît!

On le lui passe. Il le reprend; il le retourne; il le renvoie au plafond; il s'en sert de temps à autre comme d'une massue pour assommer le récipiendaire de compliments. Quand ces exercices sont terminés, on remet le mort dans sa boîte, — et il n'en est plus jamais question, ni à l'Académie ni ailleurs.

Quelques personnes persistent à trouver cela solennel.

Le malheur, c'est que si le fond de cette petite comédie ne change pas, la forme ne change guère. C'est une vieille chanson sur un vieil air. Le récipiendaire se déclare totalement indigne de siéger en si illustre compagnie : il n'a fait ses trente-neuf visites que dans le but de prendre un peu l'air. Jamais il n'aurait osé aspirer à l'honneur qu'on lui accorde. Il appelle ses futurs confrères « esprits d'élite », puis, pour changer, « esprits profonds », et enfin, quand il s'échauffe : « esprits sublimes ». On lui répond en l'appelant « esprit sublime »; quelquefois « esprit profond ». Souvent aussi, « esprit d'élite ». Les orateurs débitent cela en regardant la galerie et avec un clignement d'yeux qui veut dire :

— Ne me prenez pas au mot : c'est pour la frime.

La galerie comprend et traduit immédiatement ainsi le discours du récipiendaire :

— Vous êtes, messieurs, pour la plupart de vieilles nullités. Je ne vous sais aucun gré d'avoir voté pour moi, attendu qu'en votant pour un autre vous auriez commis une injustice et une sottise.

Ainsi le discours du président :

— Vous vous trompez étrangement, monsieur. C'est vous qui êtes complétement nul. Si l'on m'en avait cru, on vous aurait laissé à la porte.

Après quoi, tout le monde convient que cela a été bien spirituellement dit.

J'avoue que, pour ma part, je trouve cette cérémonie bien peu digne d'hommes éminents. Il me semble qu'on devrait entrer à l'Académie comme on entre dans les autres sections de l'Institut, sans faire de phrases et en se contentant d'ôter son chapeau. — En vérité, quand on voit ces messieurs débiter pompeusement leur rôle, — chamarrés de croix et brodés de vert, — on se demande pourquoi on hésite encore à décorer les comédiens.

XVIII

M. A. Dumas fils a écrit de remarquables préfaces pour ses admirables comédies. Il parle du mariage, des femmes, de l'adultère, etc. Il prouve aussi que le mépris tue l'amour. C'est vrai. Mais il ne fait pas remarquer, — et c'est un tort à mon sens, — que c'est le mépris qui le fait vivre. Nous parlons ici de l'amour illégitime, que M. Veuillot a comparé à la viande crue, en opposition à l'amour légitime, qu'il appelle « la viande culte ». Il ne serait pas difficile de prouver que cette viande n'est jamais cuite à point.

Que mes lectrices veuillent bien m'accorder un moment d'attention. Voici un garçon épicier. Ce garçon épicier voit passer une princesse : la reine de Prusse, je suppose. Je dis qu'il n'en deviendra pas amoureux. Il pourra la trouver jolie, charmante, admirable; il pourra se dire en la rencontrant au bras de son époux :

— Tiens! le roi se *colle* un joli morceau sous l'*aile!*

Mais il n'éprouvera pas ce sentiment tendre

qui entraîne Roméo vers Juliette et l'archiduc Henri vers une danseuse de l'Opéra. Pourquoi cela? C'est qu'il est intérieurement certain de ne jamais séduire la reine de Prusse. On ne commence à aimer une femme que lorsqu'on peut concevoir l'espérance, — même très-légère et très-vague, — de la posséder. Mais si l'on a l'espoir de posséder une femme, c'est qu'on la croit capable de céder, c'est qu'on suppose qu'elle peut oublier ses devoirs. On ne l'estime plus. Donc l'amour est basé sur le mépris.

L'estime ou l'amour d'un homme : il faut opter. A la place des femmes, je me consolerais de cette alternative. « L'amour est agréable, » dit la chanson, qui ne parle pas de l'estime. Aussi je crois que les femmes ont pris leur parti depuis longtemps. L'estime toute seule, c'est si piètre! Vous rappelez-vous cette histoire de la reine de Saba qui vient demander à Salomon de lui donner un héritier pour gouverner ses États? J'imagine que cette princesse aurait fait ce qu'on appelle « un nez, » si S. M. le roi des Hébreux lui avait répondu :

— Belle dame, je ne puis mettre que mon estime à votre disposition; je souhaite qu'elle puisse vous donner un fils.

XIX

Le *Moniteur* est très-amusant avec ses améliorations. Parlant l'autre jour de l'uniforme de nos troupes, il disait :

« Parmi les améliorations importantes introduites dans la nouvelle tenue, on remarque la capote actuelle, qui n'est autre que celle que portaient autrefois nos régiments et qu'on a reprise. »

Il y a quelques années, le *Moniteur* imprimait :

« Une amélioration importante vient d'être introduite dans la tenue de nos régiments : on a supprimé la capote. »

On la supprime : amélioration. On la reprend : amélioration. Défaire ce qu'on a fait; réadopter ce qu'on avait abandonné, c'est améliorer. Le *Moniteur* pourrait ainsi aller plus loin qu'il ne pense. Il serait assez comique, au moins, de lui voir appliquer au gouvernement sa théorie sur les capotes.

Ces petits changements doivent coûter quelques millions. Mettons-en un, pour être modeste. Nous aurons, au compte du *Moniteur* :

Pour avoir amélioré l'ancienne capote en lui en substituant une nouvelle, ci, un million.

Pour avoir amélioré la nouvelle capote en lui substituant l'ancienne, un million.

Eh bien! voilà deux millions que je regrette. Il est vrai que si ces deux millions n'avaient pas été dépensés, il n'y aurait eu aucune amélioration faite; par conséquent, aucun progrès accompli. La France serait restée « stationnaire ». Tandis qu'aujourd'hui, nous pouvons nous dire avec orgueil : Nous avons marché! La civilisation n'a point subi de temps d'arrêt. Chaque jour a amené un nouveau progrès; chaque nouveau progrès a ramené la même capote!

Après cela, quand on a marché, on n'a pas le droit de se plaindre. Qu'importe d'avoir tourné dans le même cercle, d'être revenu au point de départ, si l'on s'est amusé pendant ce temps-là? Seulement, je crois qu'on se fait des illusions sur cette promenade : on s'imagine que c'est le progrès, et c'est tout simplement l'hippodrome.

M. Chaix d'Est-Ange, parlant l'autre jour des médecins athées, s'écria :

« Il est indigne de soigner les corps, celui qui insulte l'âme immortelle ! »

La période était très-ronde et très-belle. Mais je ferai seulement remarquer au fécond orateur que sa théorie est bien hasardée. Il s'ensuivrait qu'un dentiste ou un pédicure, s'il niait l'immortalité de l'âme, ne serait digne ni d'arracher une dent, ni de nous couper un oignon.

Eh bien ! je suppose, — et c'est une supposition toute gratuite, — que M. Chaix d'Est-Ange ait une dent gâtée. Il se rend chez le dentiste. Sa première question sera-t-elle :

— Croyez-vous aux peines éternelles ?

— Oui, monsieur.

— Alors ayez la complaisance de me plomber ma molaire.

Et si le dentiste répond :

— Pardon, monsieur, je suis positiviste : je ne peux rien affirmer.

M. Chaix d'Est-Ange s'écriera-t-il :

— Vous n'êtes pas digne de restaurer ma mâchoire. Adieu pour toujours !

Eh ! mon Dieu ! il me semble que la médecine et la philosophie sont fort distinctes. Qu'un médecin soit panthéiste, matérialiste, athée, qu'est-ce que cela nous fait, s'il nous guérit ? Faudra-t-il laisser mourir un malade parce que le médecin ne croit pas à l'immortalité de l'âme? Est-ce que, lorsqu'on tombe à l'eau et qu'on se noie, on repousse le maître nageur qui vous ramène par les cheveux sur la berge, sous prétexte qu'il a les mêmes opinions que M. Littré?

XX

Je ne comprends pas que le *Moniteur* ait l'aplomb de se moquer de quelqu'un. Ces jours-ci, pourtant, il raillait agréablement l'empereur Soulouque qui entretenait un serpent sacré. Entre nous, je comprends très-bien l'empereur Soulouque. Il avait, comme beaucoup d'autres, la prétention d'être un homme providentiel. Or, lorsqu'on veut faire croire aux gens qu'on est dans les petits papiers de la Providence, il devient indispensable d'avoir une providence à soi, dont on fait ce qu'on veut : une providence en chambre. Je ne dis pas qu'il soit mauvais de la mettre dans ses meubles; mais il faut avoir soin de garder le loyer en son nom. Au moins on peut l'effrayer, si par hasard elle se trouve en désaccord avec vous :

— Ah ça! toi, tu sais? si tu continues, je ne paye pas ton terme.

Quand vous n'avez pas cette précaution, la Providence, — celle que vous avez imaginée, — vous joue de bien mauvais tours. C'est tout au plus si elle vous accorde de temps en temps quelque victoire morale. Encore y regarde-t-elle à deux fois. Quant à la vraie Providence, — celle qu'on ne peut pas entretenir dans une cage, — je veux bien qu'elle consente parfois à conduire ce que les orateurs du gouvernement persistent à appeler : le char de l'État. Mais elle se sert de ce char comme nous nous servons d'un fiacre, et elle a soin, en montant, de dire au cocher :

— Je vous prends à l'heure!

XXI

L'*Écho de Fourvières* raconte qu'une jeune fille a coupé ses cheveux et les a envoyés au cardinal Antonelli, « pour acheter un zouave pontifical ». L'intention est heureuse. Je me demande seulement quelle sorte de zouave on a pu échanger contre ces cheveux-là, et, à vrai dire, je crains que ce ne soit pas un beau zouave, un zouave première qualité, comme qui dirait un zouave de derrière les fagots.

Je regrette, d'ailleurs, que les jeunes filles prennent l'habitude de donner des zouaves aussi facilement. Nul ne peut prévoir où cela peut les entraîner. Ce qu'elles font par religion aujourd'hui, demain elles le feront par amour. Il est évident qu'une demoiselle, après avoir offert un zouave aux États-Romains, ne pourra plus décemment se contenter de donner un simple souvenir à son fiancé. Le fiancé réclamera. Il lui dira d'un air langoureux, — mais avec beaucoup de raison :

— Eulalie! tu ne m'aimes pas autant que le Saint-Siége!... Pourquoi cela?

Et Eulalie n'aura rien à répondre. Et elle se résoudra à un grand sacrifice. Et comme, autrefois, elle aurait offert un myosotis à son amant, elle lui donnera un zouave. Dans le langage des fleurs, ce militaire voudra dire :

— Ne m'oubliez pas!

Et le fait est qu'un monsieur à qui l'on a donné un zouave ne doit pas vous oublier.

Certes, le sentiment qui a poussé cette jeune fille à couper ses cheveux est des plus respectables. On doit le respect, toujours, aux personnes qui sacrifient quelque chose à leurs convictions, et cela même alors qu'elles ne sacrifieraient qu'une brosse à dents. Il y a autant de grandeur que de noblesse dans cette enfant qui écrit à un cardinal :

« Les Etats Romains ont besoin de défenseurs. Voilà mon chignon, voyez s'il peut vous servir. »

Il y a, maintenant, beaucoup de personnes qui donnent un zouave tout entier. Ce sont les personnes à leur aise. J'ai même entendu raconter l'histoire d'un monsieur qui, ayant deux cadeaux à faire, se trompa d'adresse et envoya un sac de bonbons au Saint-Père et un zouave pontifical à sa femme.

Ces personnes, je les comprends peu. Il est beau de risquer sa vie pour ses croyances. Il me semble moins beau d'envoyer quelqu'un se faire tuer pour les croyances susdites.

On admirerait moins Godefroy de Bouillon s'il avait payé un soudard pour conquérir Jérusalem; on s'enthousiasmerait moins pour saint Louis s'il avait ordonné à son valet de chambre d'aller mourir à sa place à Tunis. Vous représentez-vous saint Pierre disant à ses bourreaux :

— Pardon ! du moment qu'on s'amuse à crucifier les gens la tête en bas, je vais m'acheter un remplaçant !

Nous vivons, d'ailleurs, à une époque, où l'on ne s'étonne de rien parce qu'il faudrait s'étonner de tout. J'avoue, cependant, que j'ai éprouvé et que j'éprouve encore une certaine surprise en voyant que M. de Bourgoing est destiné à représenter la Nièvre. M. de Bourgoing est écuyer. On désigne un écuyer pour discuter les affaires de l'État; c'est un peu, me semble-t-il, comme si l'on priait M. Rouher de donner des leçons d'équitation. Peut-être ensuite les populations de la Nièvre s'imaginent-elles

que si M. de Bourgoing est toujours à cheval,
c'est seulement sur les principes conservateurs.

M. de Bourgoing a peut-être des capacités politiques. Il est peut-être diplomate profond. Je
n'en sais rien, et personne non plus. Tout ce
qu'on a pu apprendre de lui, dans le public,
c'est qu'il montait à cheval, et qu'il galopait à
côté des voitures de la cour. On ne se le représente qu'à cheval; on le suppose toujours à cheval. Et, déjà, ses futurs confrères du Corps
législatif se demandent avec inquiétude si c'est
à cheval qu'il compte représenter sa circonscrip-
tion.

Je ne savais pas qu'il y eût quelque rapport
entre l'équitation et la politique, ni qu'en étudiant l'une on apprît l'autre. Je le sais maintenant. J'ai été souvent aux courses. Mais, je
l'avoue, jamais je ne m'étais écrié, en voyant un
gentleman rider franchir un obstacle :

— Dieu! comme il a bien sauté la banquette
irlandaise : ce doit être un homme politique!

Je ne me représente pas non plus un préfet
disant aux populations :

— Vous avez besoin, pour sauvegarder vos in-
térêts, d'un homme qui connaisse à fond les affaires publiques, qui puisse discuter le budget et

gérer votre fortune; vous avez besoin d'un représentant sérieux qui empêche la guerre, qui
assure la paix; en un mot, vous avez besoin d'un
homme d'État? Nous avons ce qu'il vous faut:
c'est un écuyer.

Les bonnes populations des campagnes sont
naïves. Elles ne savent pas que M. de Bourgoing fait partie du grand monde; qu'il appartient à une noble famille, et que ce qu'il a surtout contre lui, c'est son titre. Quand on leur
parlera d'un écuyer, elles pourront s'imaginer
qu'on leur propose un postillon. J'engage aussi
M. le préfet à bien définir la situation du candidat. Quand on veut faire représenter un grand
peuple par un écuyer, il ne faut pas que ce grand
peuple s'imagine que l'écuyer sort d'une écurie.

Je ne sais pas, par exemple, d'où sort un petit
livre intitulé: *Géographie des Écoles primaires*.
Il est approuvé par M. Duruy. C'est dans ce
petit livre qu'on trouve ce renseignement:

« La Californie fait partie du Mexique. »

Dire que la Californie fait partie du Mexique,
c'est comme si l'on disait que la Grèce fait partie de l'Auvergne.

Je ne sais si les élèves deviendront jamais de
forts géographes, mais je sais qu'en attendant

ils risquent de faire des réponses dans ce genre :

— Quelle est la capitale de la Prusse?

— C'est Saint-Ouen.

Heureusement le livre est destiné aux écoles primaires. Les enfants, dans les écoles secondaires, apprendront que la Californie est annexée aux États-Unis.

On connaît les idées de M. le ministre. Il veut, à toute force, répandre l'instruction dans les masses. Je ne demande pas mieux qu'elle soit gratuite pour les élèves. Mais il me semble que pour les professeurs elle devrait être obligatoire.

XXII

J'ai connu un employé des pompes funèbres qui n'avait d'autre distraction, dans son année, que de se revêtir, au mardi gras, d'un costume d'*autruche*. C'était une sorte de cercueil d'enfant, dans lequel il s'enfermait, et qui, orné à l'extérieur de plumes, figurait assez bien cet oiseau de la zone torride. Malheureusement, quand cet employé avait endossé ce déguisement bizarre, il n'en pouvait plus sortir seul. Sa tête était prise dans le cou de l'animal, ses bras dans ses ailes, ses jambes dans ses pattes, — si bien qu'il se trouvait, dans son autruche, comme Silvio Pellico dans les plombs de Venise.

Encore lui manquait-il un lit de sangle, une cruche d'eau froide et un pain de munition.

Cette prison cellulaire, — sous forme d'oiseau, — lui plaisait.

A cinq heures du matin, il priait sa femme de l'habiller. Il descendait ensuite dans la rue, arpentait Paris dans tous les sens, se montrait sur les boulevards et sur les quais, aux Champs-Elysées, à la place du Trône, à Neuilly et à Vincennes; puis il revenait le soir, chez lui, exténué, — sans avoir pu s'asseoir une minute. — Son costume s'opposait à ce qu'il ne demeurât pas constamment vertical.

Sa femme le déshabillait alors. — Il se couchait, — et il se sentait du bonheur pour toute l'année.

Or, un soir de mardi gras, en rentrant chez lui, l'employé trouva la porte de son domicile entr'ouverte...

Il la poussa du bec...

La chambre était vide ! — l'appartement était vide. — Sa femme était sortie et n'était pas rentrée.

L'employé, dans un premier moment de colère, frappa la porte avec son aile — et la ferma.

Puis il demeura seul et se résigna à attendre.

Une heure se passa. — Il y avait là un lit, des chaises, un petit canapé : l'employé ne pouvait ni se coucher, ni s'asseoir; son costume le forçait à demeurer debout au milieu de la pièce.

Une heure se passa encore.

La faim commençait à le faire souffrir horriblement. Enfin, il avisa, sur le coin d'une table, un vieux morceau de fromage oublié.

Il tendit le bec dans cette direction. — Mais le bec de l'oiseau ne put saisir le fromage.

Une heure se passa encore... Sa femme ne rentrait pas.

L'employé se sentait défaillir. Pour se reposer, il essaya de se tenir sur une seule jambe à la façon des cigognes.

Le soleil se leva. Le jour parut. Huit heures sonnèrent...

C'était juste l'heure où son service l'appelait

aux pompes funèbres. Un instant il eut envie de s'y rendre, — mais il réfléchit ensuite qu'il serait peut-être inconvenant de marcher devant un corbillard, costumé en autruche.

D'ailleurs, il ne pouvait pas ouvrir sa porte.

L'employé tenta d'appeler du secours, mais sa voix se perdit dans les profondeurs de l'oiseau.

Sa femme ne rentrait pas.

Deux jours après, le portier de la maison disait à ses amis qu'un malheur avait dû arriver chez ses locataires. Depuis quarante-huit heures il n'avait aperçu ni l'employé ni sa femme.

— Peut-être, ajoutait-il, se sont-ils suicidés.

Cette opinion s'accrédita dans le voisinage. — On parla de cet événement comme d'un fait avéré, — tant et si bien même, que le commissaire de police s'en émut.

Ce magistrat résolut de constater le crime. Escorté de ses agents, il se rendit au domicile indiqué. La porte était close : on frappa.

Personne ne répondit.

Le commissaire ordonna de briser la serrure, puis il pénétra dans l'appartement.

Tout était en ordre. Le lit n'était point défait; il n'y avait pas de sang sur le plancher... pas de réchaud devant l'âtre; pas de fiole empoisonnée sur la table de nuit... pas de cadavres !

Le commissaire se précipita dans une seconde chambre, et il aperçut alors, étendue par terre et râlant, une immense autruche.

Le commissaire s'approcha d'elle. — L'autruche disait d'une voix éteinte :

— Ous' qu'est mon épouse?

XXIII

Quand on veut savoir ce qui se passe à Paris, il faut lire ce qui s'imprime à Bruxelles. A propos de la dernière note du *Moniteur* et du discours de M. Rouher, l'*Indépendance* nous donne ce détail :

« Le discours de M. le ministre d'État était belliqueux. Le texte donné au *Moniteur* a été modifié pendant la nuit pour le rendre conforme au document émané du souverain. »

Ce que cette note nous révèle de curieux, c'est

la position de M. Rouher. Cet orateur s'endort convaincu qu'il a été belliqueux; à son réveil il lit le *Moniteur*, et il s'aperçoit qu'il s'est montré on ne peut plus pacifique. J'imagine qu'il éprouve quelque surprise. Les conviés qui l'ont entendu la veille parler entre la poire et le fromage, doivent se demander, de leur côté, s'il faut attribuer ses velléités guerrières, soit au fromage, soit à la poire.

Sa haute position oblige M. Rouher à avoir des opinions pour toutes les circonstances. D'abord il en a une qu'il énonce, puis une autre qu'il imprime. Ensuite il en a une pour aller dans le monde; une pour se mettre à table; une pour rester chez lui. Toutes ces opinions sont agréablement nuancées. C'est une vraie garde-robe. Il me semble que j'entends le ministre appeler son valet de chambre :

— Jean! donnez-moi ma culotte courte, un frac noir et une opinion bleue; ça tranchera.

A moins, toutefois, qu'il ne se trompe :

— Jean! donnez-moi mon frac bleu et mon opinion doublée de satin!

Nous avions le luxe des appartements, le luxe des voitures, le luxe des chevaux. Nous avons aujourd'hui le luxe des opinions. L'homme qui

n'a jamais qu'une opinion est aussi peu consi-
déré que l'homme qui n'a qu'un vêtement. On
le plaint. On dit :

— Le malheureux! hiver comme été, il n'a
qu'une conviction à se mettre!

M. Rouher me fait penser aux avocats. Ces
messieurs trouvent parfois des arguments qui,
pour ma part, me feraient condammer immédiatement leurs clients. Dans un épouvantable
procès qu'on vient de juger, un débat s'est en-
gagé au sujet d'un peu de paille vendue au meurtrier par la victime. Le meurtrier soutenait que la
mauvaise qualité de cette paille était cause de son
crime. Tout à coup le défenseur se lève. On devine
qu'il vient de trouver quelque chose d'irréfuta-
ble en faveur de l'accusé. On se tait, on écoute :

— Messieurs, dit-il, la paille était un peu
noire.

Là-dessus, il se rassied, content. Le fait était
acquis aux débats. On comprend que lorsqu'un
homme vous vend de la paille un peu noire, on
est bien excusable de le désarticuler. Le défenseur a pensé que son observation impressionne-
rait les jurés. Il songeait que, parmi eux, il y en
avait peut-être un faisant le commerce de la paille.

Évidemment il ne pouvait croire qu'il y en eût de capable de la manger.

Cette histoire m'en rappelle une autre, arrivée à un avocat très-célèbre encore aujourd'hui. Il défend l'Empire comme autrefois ses clients. En général, ils étaient condamnés. Me *** plaidait. Son client avait donné un coup de marteau sur le crâne de son père, qui se baissait pour arranger le feu dans une cheminée.

Me *** s'interrompt : Pardon, monsieur le président!... Permettez-moi une supposition!... Une entre mille! Mon Dieu! je dis cela comme autre chose!... Ne serait-il pas possible d'admettre que pendant que mon client levait le bras... pendant que le marteau était en l'air... le père est tombé frappé d'apoplexie?... *Cela pourrait servir à jeter quelques doutes dans l'esprit de messieurs les jurés!*

XXIV

L'ineptie n'est point, comme on serait souvent tenté de le croire, le privilége des hautes classes de la société. Une aventure récemment arrivée à une artiste de talent, madame A. Feuillet, le prouve surabondamment. Cette dame nous adresse une lettre fort curieuse. Elle était à Auray, dernièrement, lorsqu'un gendarme s'avisa de lui demander ses papiers.

Je lui dis, — nous écrit madame Feuillet, — que mes bagages étaient à l'hôtel ainsi que ce qui était nécessaire pour prouver mon identité.

Sur cette réponse, il me conduisit à la gendarmerie de Sainte-Anne.

Voilà où ce *Géromé* bas-breton me paraît devenir colossal Il demande : Avez-vous des papiers?

— Oui.

— Hé bien! suivez-moi au poste.

Si madame Feuillet avait répondu : Non, sans

doute il l'aurait laissée tranquille. Ce gendarme aura pensé, à part lui : Une femme qui a des papiers, ça ne peut pas être grand'chose de bon ! Il lui a mis la main dessus. Si cela continue, attendons-nous à lire bientôt dans les feuilles officielles :

« Hier, un homme qui ne paraissait pas suspect a été arrêté. On la trouvé muni d'un passeport en règle.

« La justice informe. »

Une paysanne ivre, nommée Marie Lucas, croit reconnaître madame Feuillet pour une fille à elle, égarée depuis plusieurs années. On conduit madame Feuillet chez le juge de paix. Là, elle reprend quelque sang-froid. Elle dit son nom : Angélique Feuillet ; son nom d'artiste : Andolphe Olmande ; son adresse : rue d'Enghien, 29 ; le nom de sa mère : Françoise Feuillet. Elle offre de faire prendre des renseignements à Paris. « Alors, continue notre correspondante, le juge de paix s'écria : Elle est absurde ! »

Évidemment, ce magistrat soupçonneux s'est dit : Une femme qui demeure rue d'Enghien, 29, qui s'appelle Angélique Feuillet et qui a pour mère Françoise Feuillet, ne peut être que Marie

Lucas, fille de Marie Lucas. Du moment où rien ne me prouve que c'est sa fille, ça doit être sa fille.

Il a fait mettre madame Feuillet en prison. J'admire, comme tout le monde, la rigidité de ce juge. Je crains seulement que son exemple n'entraîne la magistrature dans une voie dangereuse. Nous lui entendrions bientôt prononcer des arrêts ainsi conçus :

« Attendu qu'il n'y a pas de preuves de la culpabilité de l'accusé, il a été condamné à la peine de mort. »

« Enfin, continue madame Feuillet, mon *brevet* arrive de Paris. Le maître d'hôtel se rend chez le juge de paix pour le prier de télégraphier au procureur impérial de Lorient l'arrivée de ce brevet, qui confirme mes allégations. Le juge refuse en disant : La gendarmerie s'en chargera.

« La gendarmerie refuse également de faire parvenir ce renseignement. C'est le maître d'hôtel qui envoie à M. le procureur impérial la pièce qui pouvait mettre fin aux tortures que j'endurais depuis quarante-huit heures.

« Le lendemain matin, on me prévint que je serais conduite à Lorient de brigade en brigade. »

Voilà ce que c'est que d'être innocente. La

justice me semble avoir voulu imiter, avec madame Feuillet, ce Marseillais qui flanque une volée de coups de canne à son ami.

— Mais je ne t'ai rien fait !

— Juge un peu si tu m'avais fait quelque chose !

Pour qu'on vît bien que je n'inventais rien j'ai tenu à citer la lettre de madame Feuillet. Ce qui lui est arrivé, peut nous arriver à tous. C'est pour cela que cette anecdote est bonne à méditer. Un jour que nous nous promènerons, la canne à la main, un gendarme peut nous conduire chez le juge de paix, qui peut sans raison nous envoyer méditer au poste sur la liberté individuelle. M. Limayrac ou M. Prudhomme — je ne sais plus — a dit : « Voir rendre la justice est un beau spectacle. » Je regrette que ce spectacle ait parfois l'air de nous être donné par les artistes du Palais-Royal.

XXV

Tous les mois, un écrivain sérieux, honnête, convaincu, coupable seulement d'avoir exprimé franchement sa pensée, va faire quelques semaines de villégiature à Sainte-Pélagie. La façon dont on interprète la lettre du 19 janvier prouve une fois de plus que promettre et tenir sont deux. Les journaux politiques n'ont plus qu'une ressource pour vivre en paix avec M. Pinard. C'est de s'abstenir de parler de ce qui se passe à l'intérieur, de ce qui se passe à l'extérieur, de tout ce qui touche de près ou de loin à la politique. J'imagine au moins que s'ils remplaçaient leurs articles de fonds par quelques anecdotes un peu gaillardes, ou même, comme je le proposais un jour, par de fortes polissonneries, M. Pinard les laisserait tranquilles.

M. Pinard n'est point ennemi d'une franche gaieté. J'en juge par la littérature que son administration favorise. Il est curieux de la comparer à celle que son administration poursuit.

On voit tout de suite ce que M. Pinard aurait
voulu que devînt en France l'art d'écrire. La
manière dont il entend l'éducation et la morali-
sation des masses éclate dans tout son jour. On
devine quels hommes il tient tout prêts pour remplacer V. Hugo, Quinet, Michelet, Louis Blanc,
et même M. Stephen Liégeard, si par malheur
les hommes comme M. Liégeard venaient jamais
à lui manquer.

Nous allons descendre dans un cloaque. Chez
tous les libraires de Paris et de la province on
trouve des petits livres, brochés, imprimés sur
papier à chandelles, qui se vendent dix sous, prix
fort. Ces petits livres sont destinés au peuple.
Leur but est, j'imagine, de distraire l'ouvrier et
le paysan de leurs préoccupations politiques.
La plupart sont revêtus de l'estampille et circulent sous la protection de M. Pinard. On peut les
diviser en trois classes : la première comprend les
Oracles qui prédisent l'avenir et éclairent les
âmes naïves ; la seconde, les romans ; la troisième
les modèles de lettres d'amour et les conseils aux
« personnes passionnées ».

La préface du *Secrétaire des amants* ou *l'Art
de réussir en amour* dit : « Le nombre des livres qu'on a publiés sur cette matière est prodi-

gieux et tous les jours il s'en vend des quantités étonnantes, tant leur utilité est bien reconnue. » Disons-le tout de suite : moyennant dix sous, on se procure un guide dans la vie, un Mentor. A la vérité, c'est un Mentor de seconde catégorie, mais il faut convenir aussi que jamais la déesse de la sagesse n'aurait consenti à faire le métier pour ce prix-là.

Commençons par l'*Ancien et le nouvel oracle des dames* (estampillé), *prophète infaillible du beau sexe*, « complété, dit le titre, par les découvertes des savants modernes, dont le génie s'est élevé jusqu'aux hautes régions où l'esprit humain est inondé des lumières du présent et de celles de l'avenir. »

Le *Nouvel Oracle* se compose :

1º D'un questionnaire ;

2º De prophéties.

Parmi les demandes qu'une jeune fille peut adresser à l'oracle, — avec la permission de M. Pinard, — se trouvent celles-ci :

— *Le jeune homme, que j'aime tant à voir, pense-t-il à moi ?*

— *Me croit-on encore une enfant ?*

— *Dois-je lui accorder ce qu'il demande si ardemment ?*

— *Mon mari me soupçonnera-t-il?*

— *Combien aurai-je d'amants ?*

Ici, je demande à faire une remarque. La commission du colportage a refusé l'estampille à un volume du même genre intitulé : *Le véritable oracle des dames. Le véritable oracle* pose ainsi la même question :

— Combien aurai-je d'amants — *avant de me marier ?*

Comme le questionnaire du *Véritable oracle* est semblable à celui du *Nouvel oracle*, il faut en conclure que c'est cet « avant de me marier » qui a paru immoral à la commission et lui a fait repousser le livre.

La question, d'ailleurs, est mal rédigée.

On embarrasse les jeunes filles en leur posant cette limite : *avant* le mariage. La commission veut qu'elles puissent se demander encore combien elles auront d'amants *après*.

Je reprends mes citations :

— *Mon mari me croit-il réellement vertueuse?*

— *Ma faiblesse aura-t-elle les suites que je redoute?*

— *Cesserai-je d'être vierge avant d'être mariée?*

Ici nouvelle remarque. Le *Nouvel oracle* dit simplement :

— Jusques à quand resterai-je vierge ?

On voit la nuance, et tout de suite on comprend le refus de l'estampille. « Jusques à quand ? » est grossier. La questionneuse a l'air d'attendre impatiemment le jour où elle pourra se débarrasser de sa virginité.

« Cesserai-je d'être vierge ? » est au contraire plein de délicatesse. C'est fin, c'est décent, c'est de bon goût. La commission du colportage a sans doute exigé cette tournure.

« La forme, » disait autrefois un personnage de Beaumarchais ; « La forme ! » répète aujourd'hui la commission du colportage. Nous avons fait trois révolutions ; nous avons proclamé nos droits, sapé bien des préjugés, détruit bien des abus ; nous nous sommes délivrés de la royauté absolue, et du droit divin, et de la noblesse. Nous ne pourrons jamais nous débarrasser de Brid'Oison.

Les réponses du *Nouvel oracle* sont tantôt de simples plaisanteries, tantôt des conseils sérieux qui indiquent à la questionneuse la conduite qu'elle doit tenir. Lorsqu'on demande : Me croit-on encore une enfant ? » l'oracle répond :

— *Comme un enfant capable d'en faire d'autres.*

On lit plus loin cette phrase bien faite pour former le cœur et l'esprit des jeunes ouvrières :

— *Est-ce qu'il y a des femmes vertueuses ?*

Ou encore :

— *Tu arriveras à la fortune par le chemin du plaisir.*

— *Résister est bien dur ; céder est si doux !*

J'en passe et des meilleures ! Force est cependant de s'arrêter à ceci. Quand la consultante pose cette demande : « Combien aurai-je d'amants ? » Elle trouve cette réponse :

— *Tu en changeras comme de chemises et tu les useras davantage.*

Probablement ces messieurs de la commission de colportage n'usent pas beaucoup de chemises. Cela les aura conduits à penser que les jeunes filles ne changeront pas souvent d'amoureux. Maintenant nous tombons dans l'ignoble. Quand vous posez cette question : — « Celui auquel je pense, m'aime-t-il ? » — Vous tombez sur cette phrase qui exhale une vague odeur de lupanar :

— *Ce n'est pas pour toi que le four chauffe.*

Il y a encore le *Triple oracle* qui est estam-

pillé, — on ne sait trop pourquoi, — car il rè-
produit entièrement le questionnaire du *Grand
et parfait Oracle*, lequel n'a point l'estampille.
Je ne parle de ces deux livres que pour mémoire.
On y retrouve les mêmes gentillesses.

Passons à d'autres ouvrages. Les secrétaires
des amants pullulent. Il y a le *Parfait secrétaire des amants*, le *Catéchisme des amants*, ou
l'*Art de faire l'amour*, par Amolan; le *Parfait
secrétaire général*, le *Secrétaire des amants* ou
l'*Art de réussir en amour*, etc. Quelques-uns
de ces livres ont plu à la commission du colportage. Leur utilité est d'ailleurs démontrée, d'une
assez plaisante façon, dans la préface de l'*Art
de réussir en amour*.

« Si le ministère public, dit l'auteur, vous accuse à tort ou à raison d'avoir soutenu publiquement des opinions contraires au système du gouvernement qu'il a plu à la majorité d'adopter,
vous ne commettrez pas l'imprudence de vous
présenter seul devant le tribunal. L'appui d'un
avocat est de toute nécessité...

« Il en est semblablement de la position d'un
jeune homme à qui les grâces d'une beauté ont
fait perdre l'appétit... »

Ce livre tient lieu d'avocat. Je me permettrai

de remarquer seulement que par le temps d'arrestations qui court, aujourd'hui où l'on est mis au poste pour avoir crié : Vive la Pologne ! ou : Vive Garibaldi ! il serait plus utile d'apprendre aux citoyens ce qu'ils doivent dire au procureur général que ce qu'ils doivent écrire à leurs maîtresses.

Le *Secrétaire des amants* contient des lettres pour toutes les positions sociales : lettres d'un militaire, d'un artisan, d'un bourgeois ; lettres d'un amant jaloux, d'un amant qui a le droit de se plaindre ; d'un jeune homme timide, d'un plaisant ; lettres à l'effet d'obtenir une entrevue mystérieuse, et enfin : premier aveu de l'amour à une *très-jeune* demoiselle. Ce titre seul peut se passer de commentaires.

Ce livre apprend aussi aux filles qui trompent leur amant à répondre avec décence :

« Cet *autre*, avec qui vous m'avez surprise, est un de mes oncles, frère de ma mère, arrivé hier de Rouen... »

On y trouve le moyen d'offrir de l'argent à une jeune personne.

« J'ai donné cent pistoles à chacune de mes maîtresses : pour vous j'irai jusqu'à mille. Faites vos réflexions là-dessus. »

Voici les réflexions de la jeune personne :

« Je n'ai rien vu d'aussi joli que votre billet, je serai ravie d'en recevoir souvent de semblables. J'aurai autant de joie à vous entretenir que j'en ai à me dire votre, etc., etc. »

C'est toujours protégé par la commission du colportage qui fonctionne sous la responsabilité de M. Pinard, que ce petit livre excite à la débauche et encourage la prostitution.

Je passe sous silence le *Nouveau jardin d'amour*, où l'auteur, après avoir énuméré les différentes espèces d'amour, déclare ne vouloir s'occuper que de celui « qui réunit les deux sexes ». Il parle de l'amour platonique, déclare qu'il n'existe pas et prie ses lecteurs de choisir entre l'amour chevaleresque, tragique, idéal et *espagnol*.

Ce livre est estampillé, comme les autres. Je ne m'arrêterai pas davantage au *Bosquet des amours*, qui n'est ni plus moral, ni mieux écrit, ni moins sot. A peine parlerai-je du *Petit Albert* qui, entre autres recettes curieuses, donne celle-ci :

MANIÈRE DE FAIRE DANSER UNE FILLE NUE.

« Pour exécuter ce joli badinage... » dit l'auteur estampillé, etc. — J'ai hâte d'arriver aux romans.

Nous avons d'abord la vie du célèbre Collet, forçat. Quelque chose d'édifiant : on en peut juger par le titre. Collet jouit de l'estampille comme les autres. Michelet ou Quinet ne l'aurait pas obtenue. Nous avons ensuite : La *Semaine des amants* ou les *Caprices de l'amour*, par Pécatier. C'est dans cet ouvrage qu'un jeune homme adresse cette proposition à une jeune fille :

« Allons auprès de ton père, nous nous entrelacerons sous ses yeux et nos larmes le fléchiront. »

Voici enfin : les *Amours de Zélie dans le désert*, toujours par Pécatier.

On a écrit beaucoup de tirades indignées contre les romans de George Sand. On ne cite point un procès ayant eu quelque retentissement où le procureur impérial ne se soit cru obligé d'accuser cet écrivain de démoraliser et de pervertir le peuple. Vous allez voir ce que la commission de colportage autorise.

La première fois que j'ouvris le volume en question, je tombai sur un passage où l'auteur raconte comment son héroïne Zélie, poussée par la curiosité, vient trouver un monsieur dans son lit. Le monsieur ne se fâche pas, bien au contraire. « Il prend Zélie dans ses bras, pose sa bouche sur la sienne, et reste assez longtemps dans cette *attitude* pour faire comprendre à la jeune fille tout le feu de son amour. » Zélie tressaille et sa poitrine est oppressée. Elle tremble et l'auteur s'écrie :

« Voilà, jeunes gens, l'amour avec ses délices ; voilà comme on doit s'aimer pour être heureux ! »

Le monsieur, cependant, n'a pu vaincre les résistances de Zélie. Il entreprend de la catéchiser, et voici le raisonnement qu'il trouve :

« Pour garder sa vertu, en s'aimant, doit-on regarder comme indispensable l'entremise d'un prêtre, lorsque le lieu et les circonstances empêchent d'user de ce procédé moral ? »

Cette apostrophe et ce français triomphent de la jeune fille. Cette fois, c'est le monsieur qui vient trouver Zélie dans son lit.

« *Pour se conformer à l'usage,* il lui donna le temps de se coucher, monta après quelques instants, et éteignit une lampe qui se trouvait sur une petite table... Rejoignant ensuite sa chère Zelie, il tira les rideaux et.. etc., etc... » La toile tombe et la commission du colportage applaudit. Un peu plus elle crierait : *bis!*

Il manque dans tout cela une injure à la démocratie. Vous la trouverez dans un recueil de calembours. On y lit cette demande et cette réponse : — Quels sont les *industriels* les plus anarchistes ? — Les démoc-soc ! Le coup de pied de l'âne ! Est-ce assez ? Non ! J'emprunte à l'*Oracle des Dames* cet axiome qu'il adresse aux jeunes filles et dont les hommes d'État ont profité :

Ne donne pas ce que tu peux vendre !

Et voilà la littérature que vous protégez ! Et lorsque tant de journaux honnêtes sont défendus, suspendus, poursuivis, traqués, cela circule librement ! Quoi ! Ranc, et Duchêne, et Favre et Peyrat à Sainte-Pélagie, et cela sur la voie publique ! Voilà le spectacle que vous nous donnez ! Y avez-vous réfléchi ? Et pouvez-vous sans rougir, après avoir cité devant vos tribunaux l'*Avenir,* le *Temps*, le *Courrier*, et d'autres, poser tranquillement votre estampille sur ces petits livres dont on ne sait comment parler, ces petits livres trop plats pour causer l'indignation, trop immondes pour n'exciter que le mépris ?

XXVI

Le gouvernement belge vient de supprimer, à Bruxelles, tous les factionnaires inutiles. En France, nous avons aussi la rage des factionnaires. Peut-être n'est-on pas fâché de montrer des baïonnettes aux Parisiens. Il n'y a pas une seule colonne, un palais, un arc, qui n'ait son soldat pour le garder. On craint sans doute qu'on ne vole nos monuments. Je serais bien étonné le jour où la *Gazette des Tribunaux* nous apprendrait qu'on vient d'arrêter un malfaiteur qui gagnait la frontière avec la colonne Vendôme dans sa poche et l'arc de l'Étoile adroitement dissimulé sous la coiffe de son chapeau.

Après cela, nous vivons dans un temps où il faut s'attendre à tout. Si cependant on venait nous annoncer que l'arc de l'Étoile a été volé, nous serions bien plutôt disposés à croire qu'il avait pris des obligations mexicaines.

J'ai eu la curiosité d'interroger ces braves soldats, parfois chargés de croix et de chevrons, qui veillent autour de nos jardins publics, et ils m'ont tous répondu la même chose :

— Nous sommes-là pour empêcher les caniches de passer.

Il paraît que, depuis un demi-siècle, c'est une des principales occupations de l'armée française. On lève une quarantaine de mille hommes tous les ans pour tenir les caniches en respect. Ces caniches sont animés des passions les plus subversives. Ils font courir les plus grands dangers à la société. Les mauvaises passions n'ont point d'alliés plus fidèles. Aussi me suis-je félicité de vivre sous un gouvernement qui tient fort la révolution en laisse et qui ne pactise pas avec les caniches.

En vérité, cependant, ce luxe de factionnaires me paraît bien inutile. Le temps que les soldats passent à monter la garde, ils le pourraient mieux employer en apprenant à lire ou à écrire. Je conçois d'ailleurs, entre nous, cette guerre cruelle qu'on fait aux caniches. Le caniche est l'emblême de la fidélité. Et chaque fois qu'un caniche traverse le jardin du Luxembourg ou le jardin des Tuileries, il a l'air de vouloir donner une leçon à nos hommes d'État.

XXVII

Vous ne connaissez pas M. Guillemin? Moi non plus. Je ne le connais que depuis que j'ai lu l'*Indépendant de la Charente-Inférieure.* M. Guillemin est un grand homme. M. Guillemin est un futur candidat officiel. M. Guillemin aspire à remplacer M. Bethmont! M. Guillemin! Mais son nom sera aussi connu, demain, aussi populaire, aussi célèbre que celui de M. Saint-Martin ou que celui de M. Laugier de Chartrouse!

Je m'étais toujours demandé comment on pouvait « capter les faveurs du peuple ». Beaucoup d'hommes se sont imaginé qu'on y parvenait en défendant ses droits et ses libertés : M. Guillemin a recours à des moyens plus simples. Soir et matin il se place devant le fourneau économique établi par la marine, à Rochefort, et là, mêlé aux gâte-sauces, il sert aux pratiques, soit le déjeuner, soit le dîner. M. Guillemin, candidat modeste, pour arriver au Corps

législatif, renonce à passer par la grande porte.
S'il entre, il entrera par la cuisine — et l'escalier de service.

Oui, c'est bien ainsi qu'on se prépare à représenter une grande nation. On met un habit noir,
pour montrer qu'on appartient aux hautes classes; on a une serviette sous le bras, pour témoigner de son dévouement aux consommateurs. Les consommateurs arrivent et donnent
leurs ordres, et l'on se précipite en criant vers
les fourneaux :

— Une côtelette nature! une!

— Une chope de bière! une, versez! boum!

Et les clients de se pousser le coude :

— Hein? voilà-t-il pas un homme qui sert
bien à table! Il faut l'envoyer au Corps législatif!

Ah! s'ils l'y envoyaient, mon Dieu! je le souhaite presque! Oui, je le voudrais voir à la
Chambre, mêlant aux discussions parlemen-
taires ses anciennes exclamations de chef de cuisine. Je le voudrais voir, alors que M. le président annoncera qu'on va procéder à un nouveau
tour de scrutin.

M. GUILLEMIN (*se réveillant*). — On y va!

M. LE PRÉSIDENT. — Faites passer les urnes.

M. GUILLEMIN. — Une boule blanche, une! versez! boum!

M. Guillemin ne se contente pas de restaurer les ouvriers du port; on dit aussi qu'il publie, dans un journal du département, de petites diatribes contre M. Bethmont. Comme on le voit d'ici, ce futur député, cuisinant et écrivant, tenant la plume d'une main, de l'autre la queue de la poêle, et mettant sur le bouilli tout le sel qu'il ne met pas dans ses discours! Noble emploi, qui fera d'un émule de Vatel le rival de M. Thiers! Ah! monsieur Guillemin, vous avez bien compris votre époque. Il y a des gens qui ont pris cette devise : liberté, ordre public; d'autres : liberté, égalité, fraternité; d'autres : religion; d'autres : justice. Vous, vous avez écrit sur votre drapeau :

BOUILLON ET BŒUF A TOUTE HEURE!

XXVIII

Le *Moniteur* signale une fraude commise assez souvent par les marchands de savon noir. Ces messieurs le mélangent de fécule. Au reste, ajoute le *Moniteur*, cette fraude est facile à reconnaître. Il suffit d'écraser entre les lames du porte-objets d'un microscope le savon sophistiqué pour y découvrir la fécule. Ensuite, pour savoir si elle se trouve en grande quantité, il suffit encore de faire dissoudre le susdit savon dans un demi-litre d'alcool à 35 degrés, auquel on ajoute une solution d'iode.

Ainsi, par exemple, votre épicier vous vend pour vingt-cinq centimes de savon noir; vous avez des doutes sur sa qualité: aussitôt vous allez acheter un demi-litre d'alcool qui ne vous coûte guère que deux francs; vous achetez ensuite, chez le pharmacien, une quantité assez considérable d'iode, pour trois francs, je suppose. Puis, afin que l'expérience soit décisive, vous faites en outre l'achat d'un microscope qui revient, au plus, à cinq cent cinquante francs. Moyennant cette légère dépense, vous vous assurez de la fraude. Vous déposez votre plainte. Le marchand est traduit devant les tribunaux. Vous vous portez partie civile : les frais se montent à douze cents francs. Avec l'iode, l'alcool et le microscope, cela forme un total d'environ dix-sept cent cinquante-cinq francs. Il est vrai que le marchand est condamné à vous restituer les vingt-cinq centimes qu'il avait voulu s'approprier malhonnêtement. On voit que, dans notre pays, rien n'est plus facile que de punir un malfaiteur et de réformer un abus ; seulement il faut avoir un peu d'argent d'avance.

Les marchands de savon ne sont pas les seuls qui fraudent le public. On me signalait, encore dernièrement, les marchands de soie. Il paraît que la plupart des soies à coudre sont *enrobées*, c'est-à-dire trempées dans l'acétate de plomb. Or, l'acétate de plomb empoisonne ou risque d'empoisonner les ouvrières qui sont obligées, pour enfiler leurs aiguilles, de se mettre la soie dans la bouche. Quelques personnes prétendent que l'*enrobage* est indispensable, parce qu'il rend la marchandise plus lourde et permet de la vendre très-cher. L'excuse est au moins bizarre. Aussi, j'ai quelque chose à proposer à MM. les négociants, c'est, quand ils préparent leurs paquets de soie, de remplacer l'acétate de plomb par un pavé de grès. Au moins on ne risquera pas de l'avaler.

Je conçois très-bien qu'un commerçant tienne à bénéficier sur le consommateur : c'est son droit et c'est son métier. Seulement, en des occasions comme celle-ci, où il vend de la marchandise et du poison, il me semble qu'il ne serait excusable que s'il servait le poison à part. Dans tous les cas, si voler les pratiques me semble une chose malheureusement nécessaire, je déclare hautement que les assassiner me paraît totalement superflu.

XXIX

Depuis que M. le préfet de la Seine a bouleversé Paris, j'ai eu l'occasion de voir bien des murs : des murs en briques, des murs en pierres de taille, des murs en simples moellons. Mais je n'ai pas encore eu la chance de rencontrer celui qui, d'après MM. Josseau, Beauchamp, etc., doit entourer la vie privée. On ne parle que de ce mur depuis quinze jours. Quelques personnes, peu influentes à la vérité, voudraient qu'on le démolît. D'autres proposent d'y pratiquer seulement quelques ouvertures. La majorité, enfin, est toute disposée à le faire haut, solide, épais, et à hérisser la crête de tessons de bouteilles. Vous ne trouverez personne, même parmi les gens les plus étrangers au *bâtiment*, qui ne s'occupe avec passion de la construction de ce mur. L'architecte qui nous en présenterait un plan satisfaisant, avec élévation et coupe, pourrait regarder sa fortune comme assurée.

La difficulté n'est peut-être point tant de construire le mur que de savoir où le placer. Ce mur doit s'élever entre la vie publique et la vie privée des hommes. C'est donc un mur mitoyen. Or, vous n'ignorez pas de combien de procès, de tracas, d'ennuis, les murs mitoyens sont toujours cause. La chose est bien simple. Les frontières de la vie publique et de la vie privée ne sont pas nettement définies. Où s'arrête celle-ci? Où commence celle-là? Où placer le mur? Un

peu trop en avant il cache au public des actes
que celui-ci a besoin de connaître : un peu trop
en arrière il expose le propriétaire à des révéla-
tions désagréables. Avant de trouver la limite
juste on serait obligé de recommencer le mur
bien des fois. A chaque instant, il faudrait le dé-
molir pour le rebâtir un peu plus loin. Et, ce
qu'il y aurait de plus triste dans cette question
de *mitoyenneté*, c'est que la pauvre vie privée serait la plupart du temps condamnée à payer les
frais.

Il y a ensuite des gens qui n'ont point de vie
privée, et j'ajoute qu'ils n'ont pas le droit d'en
avoir.

Je m'explique.

Prendre les bains est, par exemple, une action qui doit être entourée du mur de la vie
privée. Que, cependant, un diplomate célèbre
aille prendre des bains, soit à Biarritz, soit
à Vichy, soit même à Hombourg, alors qu'un
souverain puissant s'y trouve, n'est-il pas juste
que nous en soyons instruits? Les diplomates
portent la paix et la guerre dans la poche de
leur habit brodé. Aucunes de leurs actions ne
nous peuvent être indifférentes. Les diplomates !
grand Dieu ! Mais ils ne font pas un voyage, ils

ne remuent pas la tête sans causer une agitation extrême dans toute l'Europe. M. de Talleyrand disait d'un de ses confrères :

— Quel intérêt a-t-il à avoir le bras cassé?

Ouvrez le *Public*, aujourd'hui, et dans les entrefilets dont M. Dréolle aime à entourer ses articles, comme on entoure un faisan de fines herbes, et de carottes un bœuf à la mode, vous trouverez deux ou trois nouvelles dans le genre de celle-ci :

« On se demande si c'est dans un but politique que le ministre plénipotentiaire de *** a attrapé un coryza. »

Comment voulez-vous que des personnes, dont les moindres actes sont si importants, aient une vie privée? Où est leur mur? Et qu'en feraient-elles? Les hommes politiques ont tout au plus droit à une haie. Il faut que la presse et le public puissent constamment regarder au travers.

Pour que les journalistes ne tentassent pas de regarder par dessus le mur de la vie privée, il faudrait, avant tout, que les personnes qui tiennent au respect absolu de cette vie et de ce mur, ne nous fissent pas continuellement et ouvertement leurs confidences. On a beaucoup remarqué, aux courses de dimanche dernier, plusieurs gentlemen d'un âge respectable, qui affichaient une intimité presque tendre avec certaines demoiselles fort élégantes, Jannetons d'hier, Pamélas d'aujourd'hui, comme dit le poète. Pouvions-nous nous boucher les yeux? Tout Paris a été scandalisé, dernièrement, à la première représentation d'un opéra-comique, de voir dans une loge un des compositeurs les plus célèbres de notre époque, assis au milieu de cinq ou six personnes encore jeunes et dont la beauté est certainement plus intacte que la réputation. Pour moi, je me demandais ce qu'il avait fait de son mur et si, par hasard, il ne l'avait point oublié chez lui, dans son alcôve. En tout cas, ce soir-là, le mur avait été battu en brèche. Et comme la brèche s'ouvrait en face de nous et regardait la salle, nous n'avons pu nous empêcher de jeter, sur la vie privée du compositeur en question, un regard indiscret. A qui la faute?

— Ce n'est pas une brèche, disait quelqu'un, c'est une porte cochère.

Socrate, qui n'était point un des sept sages de la Grèce, mais qui avait prévu l'amendement Josseau, voulait que le mur qui entoure la vie privée fût de verre. J'avoue que je me range à son avis. Les honnêtes gens n'ont rien à cacher. Ils n'ont pas besoin de s'abriter derrière une muraille pour faire ce qu'ils ne craindraient pas de raconter. Je m'étonne aussi que tant de personnes honorables s'obstinent à vouloir mettre sous le boisseau tant de vies privées qui peuvent supporter la lumière. Balzac disait, à la vérité :

« Les femmes vertueuses font des secrets de tout, précisément parce qu'elles n'ont rien à cacher. »

Peut-être les honnêtes gens sont-ils de même. Il est bien clair, cependant, que l'amendement Josseau serait une arme pour les malfaiteurs. On se représente le juge d'instruction se rendant chez Dumolard, par exemple.

— Pardon, s'écrierait ce dernier, tuer des cuisinières est une action qui appartient essentiellement à la vie privée. Or, la vie privée doit être murée. Je vous prie de vous mêler de vos affaires.

C'est d'ailleurs un devoir pour nous de signaler certaines infamies, de flétrir certaines hontes. Et comment les pourrions-nous flétrir et signaler, si nous ne pouvions désigner ceux qui les commettent et qui les supportent? Quel châtiment subiraient-ils donc, ceux que la loi ne peut atteindre, mais dont la conduite est un perpétuel sujet de scandale? Hélas! ce ne sont point les turpitudes qui manquent à notre époque. Elle en a vu de bien tristes, de bien navrantes. La satire quotidienne de nos mœurs, une satire toute pleine de personnalités, la satire de Juvénal ou d'Hugo, pourrait seule porter quelque remède à notre abaissement moral. Le spectacle en est funèbre. Je ne puis le considérer sans songer à la manie de démolition qui tient M. le préfet de la Seine, à son amour de la ligne droite, et je regrette alors que le fameux mur de la vie privée ne se trouve pas dans l'axe d'un nouveau boulevard.

M. Josseau aurait beau faire : le mur serait abattu et pour toujours.

Quoi qu'il en soit, la position de M. Josseau est fort enviable. On s'est entretenu de lui pendant quinze jours, et c'est beaucoup à Paris. A l'heure qu'il est, sa gloire commence à pâlir. C'est Molière, — on ne s'y attendait pas, — c'est Molière qui lui a fait du tort. Disons mieux : c'est le portrait de Molière que le Théâtre-Français a découvert et qui pique vivement la curiosité de tous les artistes. J'ai eu la chance d'admirer ce portrait mercredi dernier. Le grand homme est représenté dans son costume de la *Mort de Pompée*. Il porte la cuirasse romaine, le manteau romain et la perruque à la Louis XIV. Une petite moustache très-fine et clair-semée couvre sa lèvre supérieure. Son bras nu est maigre et décharné. Sa main, admirablement peinte, tient un bâton de maréchal en velours bleu. Ce bâton de maréchal m'a vivement intrigué. L'artiste l'a-t-il mis dans la main du poète pour indiquer que celui-ci jouait les grands premiers rôles, ou le poète se servait-il d'un bâton de maréchal pour jouer les tragédies de Corneille, faute de posséder un accessoire ayant plus de couleur locale? Je me rappellerai toujours avoir vu représenter, en province, la *Lucrèce* de M. Ponsard. L'actrice qui remplissait le principal rôle, ne possédant point de poignard de théâtre, c'est-à-dire de poignard dont la lame rentre dans le manche, arrivait au cinquième acte avec une paire de pistolets et se faisait sauter la cervelle.

Je dois dire que le public ne réclamait pas contre cet étrange dénoûment.

Le portrait de Molière a sa légende. Il fut peint à Lyon par Mignard, à une époque où l'auteur de *Tartuffe* était encore à peine connu.

Molière le donna plus tard à un artiste assez obscur, de ses amis. Cet artiste le légua à son fils ; ce fils le transmit à ses descendants, tant et si bien que le fameux portrait resta dans la famille jusqu'au jour peu éloigné de nous, où le hasard d'un mariage le fit tomber entre les mains d'un certain monsieur Vital. M. Vital, homme érudit et enthousiaste, nourrissait depuis longtemps une véritable passion pour Molière. Or, pensez-vous à ce que c'est, pour un admirateur de Molière, que de posséder son image, la vraie, la seule authentique ? Car, lorsque M. Vital allait se promener au Louvre et qu'il s'arrêtait devant le portrait de ce même Molière, peint par ce même Mignard, il ne pouvait s'empêcher de lever les épaules.

— Ça, disait-il avec un profond mépris, c'est un Molière de pacotille !

Maintenant ce portrait est-il bien de Mignard ? Je le crois, mais je n'oserais l'affirmer. Il est facile se de tromper, quand il s'agit d'œuvres d'art.

Vous connaissez sans doute l'histoire de ce fameux buste payé très-cher par une grande administration et qui était censé représenter un philosophe du seizième siècle ? On s'est aperçu tout dernièrement que c'était le portrait d'un cordonnier contemporain.

Il n'est pas probable que, dans deux siècles, on mette autant d'acharnement à se disputer les portraits des immortels que va, dans quelque temps, fabriquer l'Académie. Cependant, il ne faut jurer de rien. M. Autran doit, dit-on, remplacer Ponsard. On m'affirme aussi que M. Louis Bouilhet va poser sa candidature.

M. Louis Bouilhet est jeune encore, un peu gros et un peu replet. Il parle une belle langue poétique, adore les chats et ne quitte pas d'une semelle son ami M. Gustave Flaubert.

L'amitié de M. Bouilhet pour M. Flaubert date du temps où tous deux étudiaient la médecine chez M. Flaubert père, chirurgien à Rouen.

Quand il ne travaille pas à ses drames, M. L. Bouilhet se livre à la confection d'un grand roman, qui se passera en Chine et dont tous les personnages seront Chinois. La Chine est la passion de M. Bouilhet : il en aime les habitants, les mœurs, les porcelaines et les produits. Quand il donne une pièce de vers à une Revue on peut être assuré d'avance que le sujet est chinois ou qu'il y est question de chinoiseries. Cette folie, douce et jusqu'à un certain point agréable pour le lecteur, est si bien connue que l'autre jour, comme on disait à des académiciens que M. Bouilhet serait heureux de se trouver en leur compagnie :

— Ah çà, fit l'un d'eux, nous prend-il donc pour des magots?

Il n'est pas probable que M. Louis Bouilhet soit élu cette fois : il lui manque, pour réunir la majorité des suffrages, un mérite auquel les académiciens tiennent énormément, un titre qui, à leurs yeux, vaut tous les autres.

Depuis qu'il s'occupe de théâtre, M. Bouilhet n'a pas encore été sifflé.

M. Autran est un poète sentimental, catholique et marseillais. Il a fait un beau mariage et jouit d'une fortune assez considérable. Sa muse, toujours bien nourrie, n'a jamais été réduite, même dans sa jeunesse, à souper d'un dithyrambe et à déjeuner d'un sonnet. Maigre régal, à ce qu'on m'a dit. M. Autran, s'il était élu, pourrait inviter quelquefois ses collègues à dîner.

> Un dîner sans défaut vaut seul un long poème.

Il vaut mieux souvent, sans doute, car vous n'ignorez pas qu'une cuisinière bien dressée a toujours compté pour un titre académique.

L'ouvrage de M. Autran, qui lui vaudra sa nomination, — s'il est nommé, — est un volume de vers intitulé : *Laboureurs et soldats*. L'auteur dit, dans la préface, que « les scènes de la vie agricole constituent les plus fécondes sources d'inspiration. Le laboureur est la figure préférée du poète. » Après quoi M. Autran nous montre un jeune homme riche qui

... roule comme un fleuve écumant et sans digue.

Il roule ! M. Autran oublie de nous dire sur quoi ou dans quoi. Peu importe. Cela ne nous regarde pas. Il roule. N'en demandons pas davantage. Or, ce jeune homme qui a beaucoup *roulé*, — pour nous servir du langage poétique, — revient au « paternel domaine ». Il y trouve une fermière

Qui l'a nourri du lait de sa riche mamelle.

Fort heureusement c'est de la poésie rustique. En prose on n'oserait point dire les choses si crûment. J'imagine, au moins, que si une jeune mère demandait par hasard à M. Autran s'il lui conseille de nourrir son enfant, M. Autran ne s'aviserait jamais de lui répondre : Le lait de vos mamelles lui fera du bien.

Le jeune homme qui a beaucoup *roulé* est at-
tendri. Il va se promener dans un bois, où il
surprend la conversation de deux jeunes amoureux. C'est ici qu'on entend parler le laboureur
« cette figure préférée du poète ». Vous allez voir
avec quelle douceur et quelle aménité. Et d'a-
bord la jeune fille apprend à son amant que son
père lui préfère :

> .. A lui, né de famille pure,
> Et venant accomplir son vœu le plus mignon.
> Un mince freluquet, *issu* de maquignon.

Cette belle personne n'aime point les frelu-
quets, surtout quand ils sont *issus* de maqui-
gnon. Je le comprends. L'amant s'indigne. Il
appelle son rival : un oisif, un pilier de tavernes,
un traître. Et il ajoute :

> Qu'il tombe sous ma main : *Joyeux de l'étrangler!*...

Bon jeune homme! tu me représentes bien
« cette figure préférée du poète ». La joie qu'il
éprouverait à étrangler un freluquet mince, issu
de marchand de chevaux, me donne une haute
idée de la bonté de son cœur. Il fait des châteaux
en Espagne et termine en disant :

> ... Vive la joie! Et le maquignon crève!

Sa maîtresse, qui partage ses sentiments, répond aussitôt :

Que tout cela n'est-il fait du soir au matin !

On reconnaît bien, à ces accents, cette bonne population des campagnes, tant aimée de M. Rouher et de M. Des Rotours. Elle a peut-être trop de propension à étrangler les gens, mais le poète le lui pardonne. Que dis-je? Le poète admire l'innocence de ses mœurs, et après que les amants ont comploté de faire *crever* le freluquet, il s'écrie :

Ainsi coulait sans fin le fortuné dialogue,
Ce chant de l'âge d'or...

N'en déplaise à M. Autran, je me suis fait de l'âge d'or une toute autre idée que lui. Il me semble du moins que, dans ce temps-là, on ne devait pas étrangler si facilement les marchands de chevaux.

Le poëme se continue ainsi tout du long. Je me demande, je l'avoue, s'il suffira pour ouvrir à M. Autran les portes du palais Mazarin. Après cela les grands poètes sont rares aujourd'hui. L'Académie est forcée de prendre ce qu'elle trouve.

XXX

Outre sa phrase sur l'interprétation de la
Constitution de 1848 — qui est un chef-d'œuvre — M. Troplong, dans son discours, a trouvé quelques mouvements heureux. Il a appelé
l'Afrique : « La pépinière des braves. » Entre
nous, ces périphrases avaient cours au Cirque
du temps de Gobert. J'espère que l'expression
restera. Elle apportera quelques modifications
notables dans les cours de géographie. On y
lira désormais :

« Les cinq parties du monde sont : l'Europe,
l'Asie, l'Amérique, la Pépinière des braves et
l'Océanie. »

« Pépinière des braves » ne semble d'ailleurs
pas très-bien trouvé. Une très-petite partie de
l'Afrique, l'Algérie, produit des braves. Encore faut-il qu'on les y apporte. Le reste produit des concombres, des cocos, de la gomme,
des dattes, du caoutchouc et des chandelles. Il

est vrai que M. Troplong ne pouvait pas dire devant le Sénat :

« C'est sur la terre d'Afrique, cette pépinière des concombres, que notre collègue marcha de succès en succès, etc., etc. »

M. Troplong fait l'éloge de tous ses collègues morts dans l'année. Il vante les qualités particulières de chacun. Arrivé à M. le comte de Labédoyère, il dit :

« C'était le sentiment du devoir et une loyale indépendance qui dictaient ses votes. » Voilà, ce me semble, une grave maladresse. Louer un député ou un sénateur de ce que ses votes lui sont dictés par « une loyale indépendance et par le sentiment du devoir », c'est faire entendre que ses collègues ne sont pas dans le même cas. M. Troplong ne songeait pas à cela, certainement. Et puis, franchement, y a-t-il là de quoi louer un homme? Un sénateur, dont les votes ne seraient ni indépendants ni dictés par le sentiment du devoir, aurait une conduite inqualifiable. En sommes-nous arrivés à trouver admirable qu'on fasse strictement son devoir?

Pour moi, je m'attends maintenant à entendre dire à un orateur qui prononcera l'oraison funèbre d'un commis en nouveautés :

« Messieurs le défunt nous a donné un grand exemple : il n'a jamais pris d'argent dans la caisse de son patron ! »

———

XXXI

L'Univers explique très-sérieusement pourquoi les zouaves pontificaux morts étaient souriants et les garibaldiens sérieux. Les pontificaux, en se faisant tuer, étaient sûrs d'aller en paradis ; les garibaldiens de tomber en enfer. On s'explique facilement qu'ils eussent l'air vexé.

Voilà, ce me semble, qui fait diantrement l'éloge des volontaires. On ne trouve pas tous les jours des gens qui risquent une cuisson éternelle, pour le seul plaisir de voir triompher leur cause. Quant aux pontificaux, ils achetaient tout simplement, au prix d'un moment désagréable, des félicités qui ne cesseront point. Tout morts qu'ils étaient, ils devaient se dire :

— Nous avons fait une bonne affaire !

C'est devenu, d'ailleurs, une position assez lucrative que celle des zouaves pontificaux. Les évêques qui les recrutent leur promettent qu'ils seront payés cinq fois plus que les soldats français. Ils auront droit, en outre, aux récompenses éternelles, c'est-à-dire qu'ils toucheront cinq sous par jour en ce monde, et dix sous au moins dans l'autre.

Les soldats qui se laissent séduire par ces appointements fabuleux, après avoir refusé de servir Dieu au rabais, n'excitent point mon enthousiasme. Il est très-beau de risquer sa vie pour une idée. Il serait moins beau de faire ce calcul :

— Je veux bien combattre pour une sainte cause — mais à la condition que je me ferai des rentes.

Les chrétiens d'autrefois étaient plus désintéressés. Se représente-t-on, lorsque Jésus lui dit : « Lève-toi et suis-moi! » saint Pierre répondant par cette locution toute parisienne :

— Qu'est-ce que tu payes?

XXXII

Mgr de Bonnechose disait l'autre jour au Sénat :

« Demeurons les défenseurs de ce qui ne peut pas périr. Laissez faire la Providence ! »

M. Veuillot avait déjà dit la même chose dans *l'Univers*. Je ne comprends guère, je l'avoue, pourquoi il faut défendre ce qui n'a pas besoin d'être défendu. Il me semble, en outre, que cet évêque, qui est religieux par principes, et ce journaliste, qui est religieux par état, se font une bien petite idée de la Providence. Ils ont l'air de croire qu'on peut l'empêcher d'agir comme il lui plaît. M. Veuillot explique, il est vrai, que la Providence, pour intervenir plus commodément dans les affaires de ce monde, a pris la forme du fusil Chassepot. Elle tire douze coups à la minute. Mgr de Bonnechose crie aux soldats :

— Laissez-la faire !

C'est-à-dire :

— N'oubliez pas de presser la détente, sans cela la Providence ne pourrait pas partir!

Le fait est que si, au lieu de tirer sur les garibaldiens, nos troupiers s'en étaient allés en mettant la Providence sur l'épaule droite, le parti clérical aurait été bien embarrassé — et la Providence aussi. Il n'en a point été ainsi. Elle a fait merveille; et les défenseurs du Saint-Siége, de retour dans leurs foyers, pourront dire aux petits enfants rassemblés autour d'eux pour entendre le récit de cette campagne miraculeuse :

— J'ai vu la Providence dans ma jeunesse. A cette époque-là elle se chargeait par la culasse.

XXXIII

Non! M. Le Verrier, vous n'êtes pas le sénateur de mes rêves! Que voulez-vous? Je me suis fait un idéal de sénateur auquel vous ne répondez pas. Cependant, vous avez des côtés séduisants. Je le reconnais. Vous avez dit, par exemple, dernièrement, que si les journaux, à la presque unanimité, blâmaient votre administration, ce n'était que dans le but de « pousser à la vente de leurs numéros sur la voie publique ».

Cette phrase, qui tend à faire penser qu'il suffit d'attaquer M. Le Verrier pour vendre un journal; cette phrase, qui représente les quinze millions de personnes qui savent lire, en France, comme n'ayant qu'une joie, celle de voir *éreinter* M. Le Verrier; cette phrase, dis-je, montre bien que le directeur de l'Observatoire ne s'exagère pas sa popularité. Le peuple français a du bon, lui aussi, et l'on reconnaît à des signes certains qu'il n'est ni si endurci, ni si abruti qu'on voudrait nous le faire croire.

Pays étrange que le nôtre, s'il en faut croire M. Le Verrier! La Prusse s'annexe l'Allemagne; on fait l'expédition de Rome, on ouvre le Corps législatif — mais personne ne parle de M. Le Verrier : la France s'ennuie; la France bâille; la France dort. Malheureux écrivains! Ils s'épuisent à commenter les événements sans nous tirer de notre torpeur. Ils perdent leurs abonnés, ils se ruinent. Mais l'un d'eux, tout à coup, en désespoir de cause, tombe à bras raccourcis sur l'ancien protégé de M. Arago. Aussitôt le peuple tressaille et s'éveille. Hommes, femmes, vieillards, enfants, assiégent les kiosques. On dévore l'article ; des cris de joie furieux s'échappent de la foule :

— Est-il assez aplati !

— Ah ! que c'est bien fait !

— On n'en dira jamais assez ! etc., etc.

La France relève enfin son front cicatrisé. Elle a oublié ses inquiétudes, ses préoccupations, ses souffrances, les misères du présent, les menaces de l'avenir !

Ce n'était peut-être pas M. Le Verrier qui aurait dû nous présenter ce tableau. Néanmoins il faut lui savoir gré de l'avoir fait. C'est très-gentil de sa part. Il nous rend un grand service. Pour moi, je l'avoue ingénûment, si je parle de lui, c'est seulement dans l'espoir de faire vendre vingt ou trente mille volumes de plus.

Je ne comprends pas, après cela, comment l'*éreintement* de M. Le Verrier, constituant une réjouissance publique, on ne le fait pas figurer sur le programme des fêtes du 15 août. J'espère au moins que, cet hiver, les maîtresses de maison auront soin de remplacer sur leurs cartes d'invitation la vieille formule : « On dansera, » par celle-ci : « On éreintera M. Le Verrier. »

11.

XXXIV

Des nouvelles affligeantes circulent. Je n'entends point parler ici de la tentative d'assassinat commise en Égypte. Non. Le vice-roi a voulu avoir sa petite tentative. C'est tout simple. Il n'y a plus aujourd'hui de vrai souverain sans « tentative ». Il faut une « tentative » de temps à autre pour ranimer l'attention et réveiller l'amour des peuples.

La « tentative » d'Égypte n'est point d'ailleurs de celles qui inspirent l'effroi. C'est une tentative de salon, l'amusement des enfants, la tranquillité des mères de famille. Pas de poudre, pas de capsule, une simple bombe. Les conspirateurs avaient l'air d'essayer un nouveau jeu de société.

Le vice-roi d'Égypte a été modeste. Je pensais qu'il avait droit à des bombes plus sérieuses. Mais il a voulu, sans doute, se tenir à son rang, — car il est reconnu aujourd'hui que l'importance de la bombe dépend uniquement de l'importance du souverain. Il y a un tarif :

Pour un souverain de première classe, bombe à fulminate, dites : *Orsini.*

Pour un souverain de seconde classe, bombe avec poudre simple.

Pour vice-rois, princes, etc., bombe sans poudre.

Tout me porte à croire que les ducs, grands-ducs, archiducs, etc., n'ont droit qu'à des bombes glacées.

Ce n'est donc point de la tentative égyptienne que je voulais vous parler. C'est d'un entrefilet de *la France* reproduit par *le Tintamarre* et Touchatout. C'est devenu une habitude du public de ne lire *la France* que dans *le Tintamarre.* Et il s'en trouve bien. Donc *la France* nous apprend avec sa solennité habituelle que le ministre de la guerre s'exerce à tirer le canon « en secret ».

Je savais M. Niel un homme bien habile et bien adroit ; mais je ne savais point qu'il pût jamais parvenir à tirer secrètement le canon, et cette résolution qu'il a prise me semble annoncer les plus terribles complications européennes. Voilà qui est plus grave que tous les télégrammes de l'*Agence Havas*. On se représente ce ministre, le soir, quand tout le monde est couché, que les portes sont closes, que les valets dorment, s'exerçant à tirer le canon dans le silence du cabinet.

Les choses inquiétantes ne nuisent pourtant point aux choses comiques. On dit, par exemple, que M. de Persigny espère être nommé membre de l'Académie des Beaux-Arts. Cette Académie possède déjà, dans son sein, M. Haussmann. Qu'on y fasse entrer encore quelques préfets, quelques fonctionnaires, quelques ministres, et l'Académie des Beaux-Arts pourrait très-bien remplacer le Sénat, le jour où, — par impossible, — le Sénat viendrait à mourir de vieillesse.

Quels sont les titres de M. de Persigny ? Il a été aide-de-camp du Prince, à Boulogne ; il a été ministre ; il a été duc ; mais a-t-il vraiment exercé, avec assez d'art, ces différentes fonctions, pour qu'on lui doive une place à l'Institut ? Y compte-t-il parvenir, s'il se présente comme « artiste en circulaires » ?

Certes, M. de Persigny a mis beaucoup d'art à faire réussir la candidature de M. Thiers, mais je ne lui vois pas d'autres titres. J'ai beau cher-

cher, les brochures sur l'Angleterre n'en sont
pas, les décrets non plus. Et l'on ne me fera pas
croire que l'expédition de Boulogne puisse être
jamais considérée comme un objet d'art.

On me dit, maintenant, que M. de Persigny,
— qui n'a jamais fait de dessin, jamais de peinture, — entrera à l'Institut en qualité de protecteur; protecteur des arts! voilà ce qui dépasse
ma faible intelligence. Le Jockey-Club compte,
parmi ses membres, plusieurs gentilshommes
qui sont « protecteurs de la danse », en ce qu'ils
entretiennent plusieurs *rats* du corps de bailet.
S'imagine-t-on qu'ils aient droit à des emplois
à l'Académie impériale de musique?

Après tout, la nomination de M. de Persigny
regarde l'Institut. C'est à lui de voir si un homme
d'État peut tenir lieu d'un artiste, un homme
officiel d'un peintre! Qu'il prenne garde, seulement, de justifier encore une fois le mot de Fi-
garo: « Il fallait un homme de mérite pour remplir la place, ce fut un ministre qui l'obtint. »

XXXV

Un journal raconte que le gouvernement va faire une pension à madame la comtesse Walewska, « dont la fortune n'est pas en rapport avec la situation ».

Qu'on fasse des pensions à madame la comtesse Walewska, c'est' très-bien. Je ne m'étonnerai jamais d'une semblable mesure. Ce qui m'étonne, c'est la réflexion du journaliste. Il me semble qu'une fortune honnêtement acquise est toujours en rapport avec la position qu'on a occupée. M. le comte de Walewski avait vingt mille livres de rentes, à ce qu'on prétend. Je ne vois pas que ce soit trop peu pour un ministre.

Beaucoup de braves gens, inventeurs, savants, artistes, qui ont rendu à la France autant de services que l'ex-président, ne sont pas si riches. Il vaut mieux d'ailleurs qu'on dise d'un ministre : Sa fortune n'était pas en rapport avec sa situation, que si l'on disait, par exemple :

— La fortune était bien en rapport ; mais c'est l'intelligence qui ne l'était pas.

Nous avons des idées bizarres sur les ministres et sur les fortunes. Et nous nous mettons sans cesse en contradiction avec nous-mêmes. Tandis que les feuilles officielles déclarent que M. Walewski n'était pas assez riche et que ses chétives vingt mille livres de rentes étaient presque un scandale, les employés de M. Duruy vantent aux collégiens l'exemple de Cincinnatus qui retournait à la charrue. Il faudrait, au moins, faire suivre cette histoire d'une note et avouer que les bœufs du dictateur n'étaient pas en rapport avec sa situation.

Après cela, je comprends les feuilles officieuses. Aujourd'hui, un homme qui ne s'enrichit pas est mal vu. On a presque des doutes sur ses facultés. On se dit : Comment ! on nous le représente comme un esprit éminent, et il n'a pas fait d'économies ! On se moque de nous. Les gens habiles concluent des marchés. Ils achètent, avec leur génie ou leur talent, de « hautes positions ». Ils ne doivent pas s'en aller sans exiger qu'on leur rende de la monnaie.

Les feuilles officieuses ont toujours la main heureuse. Voici, par exemple, *l'Étendard.* C'est le modèle du genre. Jamais on n'en avait vu un pareil éclore. Il est unique. Je voudrais le mettre sous verre, et ce n'est pas un petit chagrin pour moi de songer qu'il passera sans laisser de traces, qu'il s'évanouira comme une ombre et que personne ne s'en souviendra, pas même l'épicier qui en a fait des cornets !

L'Étendard s'est chamaillé avec *le Temps*. *L'Étendard*, poussé à bout, nous a fait cette révélation :

« Le droit permanent de contrôle qui appartient au peuple français réside dans la personne de l'Empereur.. »

C'est très-joli ; c'est digne de la *Grande-Duchesse*, et, cette fois, le journal de M. Vitu s'est élevé à la hauteur du théâtre de M. Cogniard. Ce contrôle, qui appartient au peuple et que le chef de l'État a seul le droit d'exercer, est une trouvaille. Elle me console. Je pense que j'ai un bon lit aux Tuileries, mais que l'Empereur a seul le droit de coucher dedans.

La Fontaine s'est évidemment trompé. Ce n'est point avec un pavé que l'ours a tué l'amateur de jardins ; c'est avec un numéro de *l'Etendard*.

Si M. Vitu a pensé rassurer le peuple français, qu'il fasse une expérience, qu'il rassemble tous les pauvres de Paris, et qu'il leur tienne ce langage :

— Vous avez tous pour dîner, ce soir, la soupe et le bœuf. Seulement, le bœuf et la soupe résident dans l'estomac de **M.** Husson, directeur de l'Assistance publique.

XXXVI

Le ciel a failli envoyer à **MM.** les sénateurs un chef-d'œuvre sur la tête. Le plafond peint au Luxembourg par Eugène Delacroix s'est détaché. Il représentait, comme on sait, les capitaines et les philosophes illustres de l'antiquité et du moyen âge. Les grands hommes se sont éparpillés sur le parquet. On frémit quand on songe qu'ils auraient pu s'éparpiller sur les sénateurs. Les sénateurs, j'en suis persuadé, professent tous un culte pour les grands hommes. Mais il y a quantité de grands hommes qu'on se plaît à porter dans son cœur, et qu'on n'aimerait pas recevoir sur le crâne. J'en pourrais citer beaucoup, et M. Rouher est du nombre.

Fort heureusement, l'accident n'a pas eu lieu dans la salle des séances. Les grands hommes qui s'en allaient ont eu soin de ne blesser personne et de ne pas troubler les discussions. Vous figurez-vous, s'il n'avaient pas pris cette précaution, quelle surprise pour tout le monde? Les orateurs vont leur train, quand tout à coup un bruit sourd se fait entendre, et voilà des personnages illustres qui viennent s'asseoir sur tous les bancs. Démosthène remplace M. Dupin à la tribune; Mathieu Molé cache M. Troplong. C'est à ne plus s'y reconnaître. Le *Moniteur* enregistre le fait :

« La séance est interrompue par un orateur grec. »

Et le lendemain, on lit dans les faits divers :

« Hier, M. Dupin a quitté le Luxembourg avec Shakespeare — qu'il avait dans le dos. »

— Tiens ! dit le public, ils se sont donc connus autrefois? Je croyais M. Dupin beaucoup plus jeune.

Quelques personnes attribuent l'accident à la mauvaise qualité des couleurs employées par

Delacroix; d'autres, à l'humidité qui règne dans la salle. Mais je crois que tous se méprennent sur la vraie cause. La faute est à M. Nisard, philosophe bien connu par son invention de sept ou huit morales, et à qui la postérité reprochera éternellement de ne pas avoir complété la douzaine.

Voici ce qui s'est passé. Les grands hommes qui entendaient tout ce qu'on disait à côté d'eux ne s'amusaient pas outre mesure. Ils avaient assez de l'éloquence sénatoriale. La session menaçait de se prolonger : ils ont cherché une distraction dans la fuite.

Déjà, après la loi sur la presse, on m'avait raconté que les auteurs dramatiques n'y tenaient plus. Molière, au désespoir, s'était écrié :

— En voilà assez ! Si ça continue, moi, je me décolle.

Les capitaines restaient encore fermes à leur poste. Mais alors on a annoncé, — c'était la semaine dernière, — que M. Nisard allait prendre la parole. Les capitaines ont faibli. César a eu une sueur froide, Annibal s'est affaissé, Turenne a demandé un verre d'eau.

— C'est trop, soupirait Napoléon, j'aime mieux m'en aller.

Et tout le monde est parti. Voilà l'histoire du plafond de Delacroix. Qu'on ne vienne donc plus nous raconter que l'accident est dû aux couleurs qu'il employait. Le marchand qui lui a vendu ces couleurs a été décoré, il y a deux ou trois ans, pour l'excellence de ses produits. Or, on ne me fera pas croire qu'on décore un homme non-seulement parce qu'il fournit à un artiste le moyen de peindre des chefs-d'œuvre, mais aussi parce qu'il fournit aux chefs-d'œuvre le moyen de prendre la clef des champs.

Que de choses s'en vont, à notre époque, sans compter les plafonds! Les dieux d'abord, à ce qu'on dit, ensuite les anciennes pièces de cinquante centimes et de un franc. C'était sans doute une consolation pour les rois morts ou exilés de régner encore sur la monnaie. Cette consolation leur est retirée. Ils ont trois mois tout au plus pour évacuer les pièces de dix sous.

Je suis de ceux qui se plaignent de ce déménagement forcé et précipité. Nous n'avons guère l'habitude, quand nous recevons de la monnaie, de considérer longtemps l'effigie.

Or, il nous arrivera souvent, après le 1er octobre, quand nous ouvrirons notre bourse pour payer quelque chose, de nous trouver nez à nez avec un monarque qui n'aura plus cours. Pour ne point perdre trop d'argent, nous nous verrons obligés de retravailler un peu notre histoire contemporaine, et de diviser les souverains en deux classes : non plus comme autrefois : 1° les bons; 2° les mauvais. Mais bien ainsi :

1° Les souverains en circulation ;

2° Les souverains retirés du commerce.

Encore, risquerons-nous de nous embrouiller. Je me demande, aussi, à qui profitera la nouvelle mesure et à qui elle pourra être agréable. Si l'on s'imagine que lorsque nous empilons des pièces de cent sous dans un secrétaire, nous tenons uniquement à colléctionner des portraits du prince régnant, je crois qu'on se trompe. Quand la pièce a le poids, nous tenons peu au portrait. Le portrait nous est cher, surtout parce qu'il veut dire : cinq francs. Lorsqu'un roi s'en va — comme le plafond du Sénat, — le peuple, qui ne garde pas toujours son souvenir, conserve pieusement son profil.

Le vieux Paris, aussi, s'en est allé. Le moment me paraît admirablement choisi pour jeter un regard sur le nouveau, dont un rapport tout récent nous a vanté les splendeurs. Il est plein de boulevards, celui-ci, on n'y fait de tous côtés que boulevards; les boulevards l'ont envahi, et pour moi, je sais gré à M. Haussmann d'y avoir bien voulu laisser des maisons.

Paris, à vrai dire, est moins dangereux qu'autrefois; les attaques y sont moins fréquentes. Seulement, les boulevards laissent circuler le vent, et les voleurs du temps jadis ont été remplacés par des courants d'air. Vous ne pouvez plus, le soir, mettre un pied dehors, sans être immédiatement attaqué par quatre ou cinq coryzas. Ils vous attendent au coin des rues.

C'est en vain que vous essayez de les désarmer; en vain que vous leur promettez de ne pas les dénoncer au commissaire de police; ils s'emparent de votre nez pendant huit jours. On me dit que, pour nous consoler de ces rhumes de cerveau, nous avons beaucoup de *squares*. Outre que j'aimerais mieux des mouchoirs, je me demande si le *square* est une consolation. En tous cas, il faudrait qu'il y eût autant de squares que de rhumes de cerveau pour que la consolation fût suffisante.

Voilà pour le bien-être. Quant au pittoresque, on a bordé ces boulevards de petits arbres qui, ayant leurs racines dans le bitume, végètent comme des poteaux télégraphiques. On dirait des surnuméraires qui attendent leur tour pour passer becs de gaz. Quelques-uns essayent bien de jouer leur rôle d'arbre et d'empêcher le soleil d'arriver sur l'asphalte. Mais ils ont l'air d'avoir peur de noircir le trottoir. Malgré tous leurs efforts, ils n'arrivent pas à faire de l'ombre. On m'a affirmé, d'autre part, que cela leur avait été défendu par la préfecture de police.

Heureusement le transport des arbres est devenu facile, car je vois le moment où les Parisiens qui voudront avoir de l'ombre seront obligés de se promener en tenant un marronnier en laisse.

Je ne parle pas des monuments, qui sont affreux. Aussi quelques esprits chagrins ont-ils trouvé que nous payions bien cher le rôtissage en été, la gelée en hiver et le coryza en toute saison. Dieu me garde d'être de leur avis ! Ce que je reproche au nouveau Paris, ce n'est pas de coûter trop, c'est d'être trop beau. On a voulu en faire une ville de gens riches, on en a fait une sorte d'appartement somptueux, — avec beaucoup de couloirs, — et j'ai toujours peur qu'il ne prenne envie à M. Haussmann de le faire frotter.

L'enthousiasme du préfet est si sincère, qu'il

finira par nous persuader qu'il a accompli une grande œuvre. Les Parisiens, alors seront capables de ne plus oser se promener à Paris, — dans la crainte de l'abîmer. Et je me demande ce que nous deviendrions le jour où la France déclarerait que sa capitale est si belle, si belle, qu'il ne faut plus s'en servir que le dimanche.

Après Paris, faisons une petite excursion en province.

Vous êtes maire de Loudun et vous êtes orateur, M. Nosereau. Vous vous appelez Nestor, de votre petit nom, et vous avez l'éloquence d'Ulysse. Vous venez de prononcer un de ces discours qu'on devrait graver sur le marbre ou l'airain pour l'édification et la joie de la postérité. Permettez-moi d'être votre commentateur. C'est la seule ressource qui me reste pour échapper à l'oubli. Je m'accroche au pan de votre habit brodé. Et maintenant, entrez, Nestor, entrez au temple de mémoire! Si l'on vous y accorde un fauteuil, j'y aurai, près de vous, un petit banc.

Donc, M. Nestor Nosereau a reçu, dans les murs de Loudun, M. de Vallavieille, préfet de la Vienne. Il lui a adressé un speech, et voici comme il lui a tracé ses devoirs:

« Parcourez nos rues, M. le préfet, visitez

nos travaux, nos établissements publics, nos écoles, le collége, l'hospice, la prison, le palais de justice et la mairie. »

Première observation. M. Nosereau débute comme le guide du voyageur. Il a eu, ce me semble le tort d'omettre dans son énumération le théâtre, le mail, le marché aux grains, le musée et les égouts. Démosthène n'y aurait pas manqué. Mais M. Nosereau était pressé d'arriver au but. Il continue :

« Franchissez le seuil de nos portes, asseyez-vous familièrement, et par forme de politesse, sur la chaise curule qui vous est réservée dans nos humbles foyers domestiques. »

M. Nosereau veut que le préfet s'asseye familièrement. Cela indique que l'orateur s'est livré à une étude approfondie des différentes manières de s'asseoir. Je voudrais bien savoir, seulement, si s'asseoir « familièrement », c'est s'asseoir un peu plus sur le côté gauche, ou sur le côté droit, ou en plein. J'espère que M. de Vallavieille aura compris. Il paraît ensuite que tous les humbles foyers domestiques de Loudun possèdent une chaise curule destinée au préfet. Voilà une ville ! voilà des foyers ! Mais M. Nosereau n'a pas fini :

« Interrogez vos hôtes; montrez le chemin à

ceux qui s'égarent! » — Pardon, ça me semble un triste métier pour un préfet. C'est l'affaire des ciceroni. Au moins, je ne me représente pas M. de Vallavieille au milieu de la rue et disant aux passants :

— Hé! là-bas! Prenez à droite !

— Tournez à gauche !

Ou indiquant simplement :

— Route de Paris !

— Route de Loudun !

Si M. de Vallavieille n'a que ça à faire, il me semble qu'on pourrait le remplacer par un poteau.

« Éclairez, reprend l'orateur, éclairez leurs pas incertains du flambeau divin de votre intelligence. »

Dire que l'intelligence de M. de Vallavieille est un « flambeau divin », entre nous, cela me semble un peu forcé. Si c'est un flambeau divin, le bon Dieu, en l'envoyant à Loudun, me paraît mettre ses lumières sous le boisseau. J'accorde cependant l'épithète de « divin », mais quant à « flambeau », je proteste. M. de Vallavieille ne nous éclaire pas assez. Mettons « veilleuse », et n'en parlons plus.

« Calmez les mauvaises passions, — encouragez les bonnes. — (M. Nosereau a-t-il voulu dire les cuisinières?) Fortifiez de plus en plus les vertus civiques par le charme entraînant de vos vertus publiques et privées; demandez-leur ensuite (à ses administrés) de payer le tribut à César (après qu'il aura visité la prison, les fortifications, la halle, l'hôtel-de-ville, etc.), ils vous diront en vous offrant leur dernier écu et leur dernier enfant (celui que nous appelons familièrement le *culot*) : Soyez le bien venu! »

Là l'éloquence de M. Nosereau ne connaît plus de bornes. C'est un torrent. Le Nestor de Loudun s'écrie :

« Plus heureux alors que le fils de Philippe, roi de Macédoine, devant le cynique Diogène, à Corinthe, vous ne porterez ombrage à personne ! »

Voilà de ces effets comme en trouvent les grands orateurs. Je ne voyais, moi, aucun rapport entre Alexandre et M. de Vallavieille. Eh bien! M. de Vallavieille est plus heureux, et son flambeau divin ne porte ombrage à personne. Entre nous, je m'en doutais. Mais un fonctionnaire n'aurait pas dû le faire remarquer.

Voici la fin :

« Vous pouvez accomplir sur cette terre que

doit régénérer dans un avenir prochain (la Vienne a besoin d'être régénérée ; devinez par quoi ? Je vous le donne en vingt mille), que doit régénérer le croisement de deux chemins de fer dont les gares seraient ici une mission providentielle !... Vive l'Empereur ! »

O Nestor ! — laissez-moi vous appeler Nestor ! — Je partage votre enthousiasme ; oui, vous êtes bien le maire de mes rêves ; le flambeau divin accordé par le gouvernement ! Jamais les électeurs n'auraient eu l'esprit de vous donner leurs voix. Restez longtemps sur votre chaise curule ; montrez le chemin à ceux qui s'égarent, encouragez les bonnes ; soyez plus heureux qu'Alexandre ! aussi heureux que M. de Valla-vieille : vous non plus, vous ne porterez jamais ombrage à personne !

XXXVII

L'Avenir du Luxembourg s'occupe de l'organisation militaire du Grand-Duché. Toutes

les nations, hélas! subissent, en ce moment,
l'organisation militaire comme tous les citoyens la loi sur la conscription. Encore les petits hommes se font-ils exempter. Il en devrait
être de même pour les États. Le Luxembourg
n'a pas la taille.

Son armée sera aussi microscopique que les
jolis romans de Ch. Joliet. C'est-à-dire que les
généraux qui la combattront seront obligés de
prendre une loupe pour la trouver.

— Qu'est-ce que j'aperçois donc de bleu là-
bas, à travers ces petites feuilles?

— Général, c'est l'armée luxembourgeoise qui
vient de s'embusquer derrière une asperge.

L'Avenir, qui voudrait une réduction de l'ef-
fectif, dit que :

« Le nombre d'hommes, présents sous les
armes, — y compris le corps de gendarmerie, —
ne devrait jamais depasser deux cent-soixante. »

Voyons. Il faut bien, n'est-ce pas? deux cents
gendarmes pour maintenir la tranquillité dans le
Grand-Duché. Les Allemands, qui aiment la
musique, ne peuvent pas se refuser cinquante ins-
trumentistes. Ajoutez à cela un général, un co-
lonel, un major, un porte-drapeau, un infirmier,
un médecin, trois tambours, il reste juste un

Luxembourgeois pour combattre. Je ne crains plus qu'une chose : c'est que, pendant la prochaine guerre, ce Luxembourgeois ne fasse une action d'éclat et n'obtienne de l'avancement. Il se verrait dans la triste nécessité de devenir son propre caporal. Supposez qu'après cela il se donne un soufflet, et le voilà fusillé du coup pour avoir manqué de respect à son supérieur. Quelle destinée !

Notre époque ne doit-elle pas être grotesque en toutes choses ? Comment ! voilà un État assez petit, — assez heureux peut-être, — pour n'exercer aucune influence sur les affaires de l'Europe. Il peut se passer d'armée, c'est-à-dire qu'il peut réduire ses impôts, vivre tranquille, s'instruire, s'enrichir et se croiser les bras. Eh bien, non ! placé entre les huit cent mille hommes qu'arme la Prusse, et les huit cent mille hommes qu'arme la France, comme une allumette entre une enclume et un marteau, il faut qu'il se saigne aux quatre membres pour pouvoir lever une patrouille.

XXXVIII

Le veau de M. Calvet-Rogniat est dépassé.
M. Darblay jeune, qui va se présenter officielle-
ment dans Seine-et-Oise, offre à sa circonscrip-
tion un cylindre compresseur, C'est sans doute
avec cet instrument qu'il espère comprimer les
mauvaises passions.

Le cylindre est, à ce que je crois, une de ces
lourdes charrettes qui servent à écraser les cail-
loux sur les routes. C'est un cadeau que les
électeurs ne pourront pas mettre sur leur cheminée. Mais comme nos candidats ont fait des
progrès! Le veau Calvet-Rogniat n'était qu'une
agréable surperfluité. Aujourd'hui on fait des
dons utiles. On donne des cylindres compres-
seurs. Demain on donnera un omnibus; après-
demain les électeurs, pour voter avec le gouvernement, voudront avoir chacun une paire de
chaussettes.

Et voilà ce que devient le suffrage universel.
On nous affirme qu'il est éclairé; qu'il peut

marcher seul. Cependant les préfets ont l'air de croire que la vue d'un cylindre doit l'influencer heureusement. Il n'y a rien qui encourage les bonnes passions comme un cylindre. Les électeurs vont choisir pour leur député un homme éloquent, habile, patriote. Ils votent pour son concurrent qui a remplacé son mérite absent par une voiture.

Voilà qui nous donne une haute idée de nos concitoyens. Mais je les connais; ils ne sont pas si naïfs qu'on voudrait nous le faire croire, et comparant en eux-mêmes le cadeau et celui qui l'a fait, ils sont capables d'élire le plus utile des deux, — c'est-à-dire de donner leurs voix au cylindre.

Ils auront raison. Oui, électeurs! c'est le cylindre qu'il faut envoyer au Corps législatif. Vous êtes sûrs de lui; vous savez ce qu'il peut faire, et vous ne connaissez qu'imparfaitement M. Darblay. D'ailleurs, soyez-en sûrs, le cylindre se conduira comme un député de la majorité; il ne fera pas d'opposition systématique, il n'applaudira pas M. Jules Favre, et l'on pourra s'en servir pour comprimer M. Glais-Bizoin.

Soyez tranquilles aussi sur ce que disent les organes du gouvernement. Ces journaux sont toujours prêts à revendiquer, pour leur parti, même les triomphes de l'opposition. Vous lirez dans le *Constitutionnel* : « Le préfet de Seine-et-Oise préférait peut-être M. Darblay au cylindre. Mais le ministère n'y fait aucune différence. En nommant le cylindre député, les populations n'ont fait que prouver une fois de plus leur attachement à la dynastie. »

XXXIX

Quelques morts nous ont joué de bien mauvais tours, cette semaine. On les avait inhumés trop tôt et ils se sont avisés de sortir de leurs tombes. Ce sont des morts qui ne savaient pas leur affaire. Quand on est mort, on doit se tenir tranquille ou ne pas s'en mêler. Je demande un peu ce que deviendraient les cimetières, si leurs habitants s'avisaient de ne plus dormir ? Ce ne seraient plus des champs de repos : ce seraient des maisons meublées; ce ne seraient plus des morts : ce seraient des locataires.

Cela est très-désagréable pour les survivants. Voilà un malade : le médecin constate son décès; le prêtre le bénit; on le met en route pour l'éternité. Et puis, quand tout le monde s'est habitué à ce départ, le mort reparaît tout affairé :

— Mille pardons, messieurs, il faut que je revienne chez moi : j'ai oublié mon parapluie!

C'est un abus. Mais il me semble que nous sommes trop désireux d'enterrer les gens. Nous jetons les morts à la fosse, comme les lettres à la poste, et peu s'en faut que nous n'écrivions sur les cercueils : *très-pressé*.

Il me semble qu'avant de procéder à une inhumation, nous pourrions patienter au moins deux jours, tant par respect pour les personnes qui nous furent chères que par respect pour nous-mêmes. Le bon Dieu n'a pas encore fait afficher l'avis suivant à la porte des cimetières :

TOUT MORT QUI NE SERA PAS JETÉ A LA BOITE

AVANT SEPT HEURES

NE PARTIRA QUE LE LENDEMAIN

XL

Dans *l'Avenir national*, M. Étienne Arago
tance vertement la jeunesse d'aujourd'hui. Il lui
reproché, entre autres choses, de ne plus éprouver de ces grandes passions, comme on en res-
sentait autrefois. C'est tout simple. Nous sommes des gens sérieux et positifs. Nous faisons
des affaires. On devient *amant* de nos jours,
comme on devient agent de change. C'est-à-dire
que, comme l'on n'est généralement pas assez
riche pour acheter la *charge* tout entière, on
s'associe à d'autres personnes. On est un quart,
un dixième, un vingtième d'amant. Or, comme
on ne profite pas seul de tous les bénéfices, on
ne veut pas supporter, seul, tous les déboires.

Une femme qui consent à se « laisser aimer »
n'a plus maintenant d'autre but que de fonder
une entreprise commerciale. Sous l'ancien ré-
gime, on disait d'une jolie personne, très-cour-
tisée, qu'elle traînait, à sa suite « une cour
d'adorateurs ». Ces « cours d'adorateurs » sont
devenues des assemblées d'actionnaires. Que

parlez-vous aux femmes d'amour, d'héroïsme, de grandes passions? Elles ne savent que distribuer des dividendes.

Si je voulais devenir homme d'affaires, j'apprendrais à jouer du cor. Cela a réussi à M. Vivier. Il imitait si bien le cri du canard sur son instrument que le gouvernement l'a nommé commissaire près le conseil de surveillance de *Rive-de-Giers*. Il paraît qu'on demande maintenant aux financiers de jouer du cor. Des hommes politiques et des hommes d'État on exige probablement la contre-basse. L'instrument est peu varié. C'est ce qui explique peut-être pourquoi M. Ernest Dréolle joue toujours le même air.

Au moins on ne dira plus que le gouvernement n'encourage pas les arts. Les jeunes musiciens n'ont plus à s'inquiéter de l'avenir. L'exemple de M. Vivier permettra à l'administration de décréter que tout lauréat du concours de Rome aura droit à la surveillance d'une compagnie industrielle ou à deux actes à l'Opéra : au choix. Et si le compositeur, par hasard, prétend ne pouvoir exercer de contrôle sérieux sur les opérations financières, on le rassurera bien vite en lui disant :

— Ne vous inquiétez pas, cher ami, c'est un contrôle en *ut* majeur : il n'y a pas de dièzes à la clef.

Je cherche en vain, d'ailleurs, pourquoi il faut absolument qu'un surveillant sache jouer du cor. Car, comme il a été prouvé que les surveillés ne le voient jamais et l'entendent encore moins, on se demande à quoi lui sert son instrument. Si de temps en temps, au moins, il leur faisait entendre : *Ton ton, ton taine, ton ton*, ou le *Roi Dagobert*, la surveillance aurait un faux air de sérieux. Mais il n'en fait rien. On peut donc avancer, sans témérité, que la compagnie ne perdrait rien à ce que son surveillant jouât de la guimbarde.

Je ne croyais pas que les compagnies fussent plus aisées à surveiller que les jeunes personnes. Le gouvernement, en cette affaire, me fait l'effet d'une mère de famille qui dirait :

— Je suis bien tranquille sur la vertu de ma fille : je l'ai confiée à une clarinette.

XLI

M. le maréchal Canrobert, parlant dernièrement de la profession des armes, disait : « Cette grande profession, à l'abri de laquelle toutes les autres prospèrent, et sans laquelle toutes péricliteraient. » Les gens qui défendent aujourd'hui le territoire pontifical ont tous embrassé la profession des armes.

Grâce à eux, il y a eu quelques maisons incendiées, quelques champs dévastés, quelques paysans tués. J'ai trop de confiance en ce que dit M. Canrobert pour n'être pas persuadé que ces incendies, tueries, etc., ont aidé au développement du commerce et de l'industrie. Je me demande seulement si c'est l'exportation ou l'importation que les coups de fusils favorisent plus spécialement.

Je croyais que la seule profession qui risquât de péricliter sans l'appui des baïonnettes était celle de cardinal. Il paraît que toutes les autres sont dans le même cas ; or, comme la profession des armes consiste uniquement à donner des coups et à en recevoir, il s'ensuit qu'il faut administrer une volée indigne à n'importe qui, de temps en temps, pour ranimer la confiance. Cela nous conduit à penser qu'un commerçant, prêt à faire faillite, peut sauver sa *maison* en appelant chez lui quatre hommes et un caporal. La question serait de savoir si le caporal et ses quatre hommes doivent taper sur le commerçant, sur les créanciers ou sur les pratiques.

Je crois cependant que ce qui prospère le plus « à l'abri de la profession des armes » c'est encore ce qu'on appelle « un gouvernement fort ». Il commande de temps en temps quelques feux de peloton, pour distraire son peuple qui se fatigue des feux d'artifices. Comme cependant les feux de peloton ne réussiraient pas toujours sur les boulevards ou dans le Champ-de-Mars, on les fait tirer à Mexico, en Chine ou à Rome, — d'une façon bien regrettable quelquefois. Mais on ne peut pas demander aux gouvernements d'être plus sages que nous. Et nous savons tous que, dans notre vie privée, si par hasard il ne nous reste plus de fautes à commettre, nous trouvons toujours quelque sottise à faire.

———

XLII

Ce qui me plaît, dans la magistrature, c'est la gravité. M. Brière-Valigny, l'auteur de l'acte d'accusation d'Avinain, a réédité une plaisanterie d'Alphonse Karr, mais avec un sérieux tel que personne n'a osé sourire. Cette plaisanterie, la voici :

« Un homme coupé en morceaux a été trouvé dans un sac bien cousu, au fond de la Seine. Tout porte à croire que sa mort n'est pas le résultat d'un suicide. »

M. Brière-Valigny a dit au commencement de son discours :

« Le 28 juin, on découvre à Saint-Ouen le cadavre d'un homme : M. Duguet. Peu de jours après, les jambes et les bras sont successivement retrouvés. Le 6 juillet, la tête est enfin découverte. Un *examen médical* démontra que la mort était le résultat d'un crime. »

On voit, dans ces simples mots, la prudence d'un magistrat qui ne veut rien avancer sur

des preuves légères. Sans l'examen médical,
Mᵉ Brière-Valigny aurait hésité. Peut-être aurait-il attribué ce découpage à une fantaisie de
Duguet. Il aurait pensé : Cet homme était mé-
content de ses membres; il ne pouvait plus vivre
avec eux : il y avait incompatibilité d'humeur.
D'ailleurs, l'affaire se sera passée à l'amiable.
Duguet n'était pas assez riche pour demander
aux tribunaux une séparation de corps.

Il fallait quelqu'un de tout à fait compétent
pour confirmer l'assertion, — un peu risquée, —
de M. Brière-Valigny. Cette tâche est dévolue
à M. Tardieu. M Tardieu s'est exprimé avec
plus d'assurance que le procureur impérial. C'est
sans hésitation qu'il revendique l'honneur de la
remarque :

« On m'a présenté, dit-il, le tronc et les membres inférieurs, — plus tard la tête et les bras.
J'ai tout de suite compris qu'il y avait là un
crime. »

M. Tardieu l'a compris. Je m'étonne, seulement qu'il l'ait compris tout de suite. Ses confrères auraient mis plusieurs jours avant d'arriver
à ce résultat. Un petit médecin sans clientèle,
un interne, par exemple, aurait fait ce raisonnement :

« Ce pauvre Duguet se promenait le long de la Seine; il ne savait sans doute pas comment passer la soirée : la pensée lui sera venu de jouer *aux ricochets*.

Il n'avait que sa tête sous la main, il l'a prise.

Puis, pour rattraper sa tête qui s'en allait, il s'est désarticulé la jambe droite. La jambe est tombée à l'eau, il a voulu la repêcher avec la jambe gauche. Cette seconde jambe est tombée aussi; puis les bras; il ne lui est plus resté que le torse.

Alors, comme il ne voulait pas revenir chez lui dans cet état-là, — craignant peut-être une querelle de ménage, ou que sa femme ne l'accusât d'avoir tout dépensé à boire, — il a caché son torse dans une touffe de joncs. »

Voilà comme aurait raisonné un demi-savant. Mais M. Tardieu n'est pas de cette école; il a compris tout de suite qu'il y avait là un crime. L'expérience lui a appris que, lorsqu'on fait de son corps un jeu de patience, on a soin de numéroter les morceaux.

Que la science est une belle chose, et qu'elle est admirable dans ses résultats! Je regrette seulement que M. Tardieu ne nous ait pas dit sur quels faits il s'appuyait pour croire à un crime. Cela me forcera, quand j'aurai un moment de libre, à prier messieurs les experts assermentés près le tribunal, de me composer un mémoire sur ce sujet plein d'obscurités.

« Étant donné un poulet rôti, énumérer les raisons qui portent à supposer que ce poulet ne s'est pas mis lui-même à la broche. »

Les procureurs impériaux ont une éloquence à eux. Dernièrement, M. Lassus, à Sétif, disait à propos d'un voleur qui s'était introduit tout nu dans une ferme :

« Les chiens, frappés de la beauté des formes humaines, n'osèrent pas aboyer. »

Je ne m'étonne plus maintenant qu'on défende de laisser entrer les chiens dans nos musées. Sensibles, comme ils le sont, à la beauté des formes humaines, ils ne pourraient regarder les statues. Ils éprouveraient des émotions trop fortes. Pour moi, depuis le réquisitoire de M. Lassus, je ne voudrais plus répondre d'un caniche qui aurait contemplé la Vénus de Milo.

La phrase de M. le procureur impérial de Sétif nous ouvre de nouveaux horizons. Si la beauté produit de l'effet sur les chiens, à plus forte raison en doit-elle produire sur les hom-

mes. Nous devons être aussi sensibles à la perfection des formes que les simples quadrupèdes.
Pour ma part, je le crois. Il faudrait en faire
l'expérience. A la place de M. Lassus, à la fin
de mon discours, je me serais mis en costume
de bain. L'avocat du filou n'aurait point osé ré-
pliquer.

Si l'on obtenait ce résultat en se déshabillant,
quelle joie pour messieurs les orateurs officiels!
Dans les débats qui vont s'ouvrir, ils auront
certainement beaucoup de mal. Or, comme ils
ne sont pas tous extrêmement forts, j'imagine
qu'ils ne seraient pas fâchés de connaître un
moyen de clore les discussions. Quand elles deviendraient trop embarrassantes, M. Rouher
s'écrierait :

— Pas un mot de plus, ou j'ôte mon gilet de
flanelle!

Et le lendemain, on lirait dans les gazettes :

« Les députés, frappés de la beauté des formes
humaines, ont immédiatement demandé l'ordre
du jour. »

XLIII

Les bonnes plaisanteries ne devraient jamais durer longtemps. Celle du congrés européen se prolonge trop. On en a ri pendant ces trois jours; on en est las aujourd'hui. Elle n'a d'ailleurs eu de succès que parmi nous. Les diplomates étrangers ressemblent tous un peu à ce provincial à qui le marquis de Bièvre demandait des épinards. Quand notre gouvernement leur propose :

— Voulez-vous faire une conférence?

Ils répondent tous l'un après l'autre :

— Ça doit être excessivement drôle, ce que vous dites là; mais nous ne comprenons pas le calembour.

La situation ne laisse pas d'être embarrassante. Notre ministre écrit au pape :

« Faisons une conférence pour nous entendre définitivement. »

A quoi Sa Sainteté répond :

« Entendons-nous d'abord. Nous conférerons après. »

Notre ministre s'écrie, désolé :

« Si nous nous entendons avant, qu'est-ce que nous ferons pendant la conférence? Jouerons-nous à *pigeon vole?* »

Le fait est que si l'on confère tout de suite, on ne s'entendra jamais, et que si l'on s'entend, les conférenciers n'auront d'autres ressources, pour passer le temps, que d'inventer un petit jeu, où l'on donnera des gages. Que de complications ces divertissements n'amèneraient-ils pas encore! Il me semble que je lis dans un procès-verbal :

« Il a été ordonné au premier gage touché, d'embrasser M. Rouher. Le pape, désigné par le sort, a déclaré qu'il préférait abandonner le reste de ses États. On compte sur l'intervention de l'Angleterre pour le décider. »

Voilà, hélas! où aboutissent les grands desseins qui enthousiasment M. Dréolle. On veut remanier la carte d'Europe, commander aux princes, gouverner l'univers : on finit par faire un partie de *bézigue.*

Dans la vente d'autographes provenant du cabinet de M. de la Roche, se trouve, paraît-il, une lettre précieuse d'Hudson Lowe, qui s'inquiète très-fort de la santé de Napoléon. On est étonné de ce tendre intérêt. Mais il faut bien se persuader que Napoléon n'a été malheureux à Sainte-Hélène que parce qu'il était empereur et grand homme par dessus le marché. Un bon bourgeois, à sa place, n'aurait point été à plaindre. Il était fort bien soigné, logé en outre, éclairé et blanchi; il avait une belle maison de campagne, deux chevaux pour ses promenades, des amis pour le distraire. Tout le monde n'en a pas autant. Je sais bien que les domestiques anglais ne l'appelaient que « général », tout simplement. Mais cela n'est pas impossible à supporter. J'ai une cuisinière. Elle m'appellerait « général », que je n'écrirais pas à tous les journaux que je suis le plus malheureux du monde. Je ne me croirais même pas le droit de dire, avant de prendre le chemin du Père-Lachaise :

— Je lègue l'opprobre de ma mort à la famille de ma cuisinière !

Je ne prétends point que Napoléon fût le plus heureux des mortels. Mais enfin il n'y a pas beaucoup de prisons qui vaillent la sienne. Je suis sûr, au moins, qu'il n'est pas un homme qui, s'il croyait avoir quelque chance de succès, ne demandât en s'entendant, par exemple, condamner à vingt ans de Mazas :

— Si ça vous était égal, monsieur le président, j'aimerais mieux une île dans les pays chauds !

———

XLIV

Voici un fait sur lequel je voudrais bien appeler l'attention de mes confrères.

L'histoire se trouve tout au long dans le *Journal de Chartres.*

Il y a quelque temps déjà, un soldat, nommé Breckler, qui venait d'obtenir un congé, passait sur une grande route près de Chartres. Il aperçoit un cabaret; il y entre. La marchande était seule. Il tue la marchande. Un facteur rural accourt, attiré par les cris de la victime; il tue le facteur rural.

Ce soldat, — qui était en congé, ne l'oublions pas, — est traduit devant la justice civile. Notons en passant une de ses réponses.

— Si vous étiez innocent, demande le président, pourquoi, lorsque vous avez vu les gens qui vous poursuivaient, près de vous atteindre, vous êtes-vous jeté, tout habillé, sac au dos, dans une mare?

— Mon président, c'était par un sentiment de pudeur.

Cette pudeur exagérée ne touche pas le tribunal. On condamne Breckler à être exécuté en place publique avec toutes les cérémonies que prescrivent les lois. C'est bien. Mais voilà où le fait devient grave. M. le maréchal Canrobert apprend qu'on va guillotiner un soldat. Il s'en indigne. Il s'adresse à M. le ministre de la guerre. M. le ministre de la guerre envoie à Chartres l'ordre de faire fusiller le coupable.

L'échafaud n'était pas assez noble pour ce tourlourou.

Breckler aurait eu droit à la fusillade s'il avait été jugé par un conseil de guerre. Mais c'était la justice civile qui avait prononcé sa condamnation. M. le ministre a donc tout simplement éludé ou plutôt empêché l'exécution d'un arrêt de la cour. Or, empêcher l'exécution d'un arrêt de la cour est d'un mauvais exemple. Aujourd'hui on offre à un homme quelques coups de fusil en échange de la guillotine. Demain on peut lui offrir une double ration d'eau-de-vie.

Que devient la justice?

Et puis, pourquoi un homme, parce qu'il a été soldat, ne peut-il pas mourir ainsi que le commun des coupables? Pourquoi des assassins privilégiés? En quoi l'échafaud peut-il avilir un militaire criminel? Pour moi, pékin, je trouve l'échafaud aussi noble qu'autre chose. L'échafaud a été illustré par tous les partis, et il me semble qu'a cette place où M. de Malesherbes, madame Roland, Condorcet, Vergniaud, Robespierre, Marie-Antoinette enfin, ont tour à tour posé leur tête, un fantassin qui a tué une cabaretière et un facteur rural, peut, — sans déshonneur, — poser la sienne.

La Constitution affirme que tous les Français sont égaux devant la loi. C'est pourquoi ils le devraient être devant la mort. Il est triste que, dans notre pays, on puisse dire, — par suite de je ne sais quels préjugés et de je ne sais quelles faiblesses :

Il y a des assassins de première classe!

XLV

Nous jouissons du paquet n° 6. C'est avec une impatience bien vive que le public l'attendait. Excellent public ! *La Situation* avait déjà analysé le paquet n° 6. *Le Nain jaune* l'avait publié; aussi, je crois, *la Finance*. Il avait circulé à la Chambre, imprimé sur papier pelure d'oignon. Quand il parut dans *le Pays*, tout le monde le connaissait : c'était le paquet de polichinelle.

Ce paquet, d'ailleurs, — comme on a pu voir, — ne nous apprend pas grand'chose et ne prouve rien du tout. Il nous renseigne seulement sur la vie privée du sieur de La Varenne. Voilà un écrivain qui pourrait se plaindre, comme MM. Guilloutet et Jolibois, de l'indiscrétion des journalistes Pourquoi aussi ce brave homme n'a-t-il pas brûlé ses lettres? Tant qu'il a été de ce monde, sa vie privée a été close. — comme la prison de Mazas. Il a eu le tort, en mourant, de laisser la clef sur la porte.

— J'ai eu l'occasion de rencontrer M. de La Varenne en 1860, lors de l'insurrection de la Sicile. C'était un homme sec, froid, cassant et d'aspect désagréable. Il avait des allures mystérieuses et diplomatiques. Toujours et partout il passait pour remplir « une mission ». Quelle mission? Personne ne l'aurait pu dire ni ne le savait. A Palerme, par exemple, tout le monde se demandait ce qu'il faisait là. — Il remplit une mission, disaient ses amis d'un air entendu.

— Une mission? De qui? Du gouvernement italien?

— Non, sans doute.

— De Garibaldi?

— Oh! non.

— Du gouvernement français?

— Vous plaisantez.

— De qui alors?

— Heu! je ne saurais vous dire. Mais il remplit une mission.

Cette mission a duré toute sa vie et j'aime à croire qu'il continue à la remplir là-haut. Elle lui donnait un air d'importance et lui rapportait assez d'argent. Le royaume d'Italie, dans ces derniers temps, le payait bien. Il est vrai que, si le bon Dieu lui a laissé son poste, je doute qu'il lui ait conservé ses appointements.

M. de La Varenne passait aussi pour avoir des décorations plein ses poches et pour les distribuer à tout propos. Sa vanité, qui était excessive, s'accommodait volontiers de ce bruit. On racontait, à Palerme, que pour le moindre service il vous nommait commandeur d'un ordre quelconque. J'ai entendu de braves gens se dire en se poussant le coude :

— Offre-lui donc un cigare. Il te donnera une décoration en échange.

Les hommes initiés aux affaires publiques ne l'ont, d'ailleurs, jamais bien pris au sérieux, ni comme politique, ni comme diplomate, ni comme publiciste. C'était un commis qu'ils employaient faute de mieux. Il produisait de temps en temps une petite brochure lourde, pâteuse et indigeste, qu'il colportait dans tous les bureaux de journaux. On en parlait moitié par bienveillance, moitié par pitié. Son style était émaillé de grosses phrases rondes, toutes pleines d'un fiel qu'elles ne pouvaient exprimer. On eût dit des abcès qui n'avaient pas eu le temps de mûrir. M. de La Varenne souffrait beaucoup du peu d'importance que le public attachait à ses œuvres. Peut-être se croyait-il un écrivain comme il se croyait un homme d'État. L'orgueil a des profondeurs insondables. J'aime à croire cependant que, tout avide de célébrité qu'il fût, il n'aurait jamais désiré celle que la publication de ses lettres lui a donnée.

Tandis qu'on fouillait ainsi dans la vie de M. de La Varenne, la Chambre votait la loi sur la presse et ce fameux amendement Guilloutet relatif à la vie privée. On sait que M. de Girardin a immédiatement supprimé, dans son journal, l'article intitulé : *Monde parisien*, où tous les jours M. Gilbert rendait compte des bals, raouts, concerts, etc., de la veille. Cette simple mesure atteint plus de gens qu'on ne pense et, parmi les votants même, il en est qu'elle contrarie vivement. On assure que plusieurs députés de la majorité ne donnaient des bals que pour avoir leurs noms dans les journaux. C'était un moyen de se faire connaître. Ils avaient l'espoir que les électeurs se diraient, — pour se consoler : — Notre représentant ne prononce jamais de discours, c'est vrai ; mais en revanche il danse beaucoup.

Les dames surtout sont furieuses. Comment ne le seraient-elles pas ? La chronique, toujours obligeante, enregistrait leurs faits et gestes, disait leurs toilettes, louait leur goût et célébrait leurs attraits. La loi va leur sembler uniquement faite pour empêcher les journalistes de les trouver jolies. Je vous assure que les députés mariés ont été tancés vertement.

Si tous les journaux suivaient l'exemple donné par *la Liberté*, on peut affirmer que la loi serait rapportée avant quinze jours. Les Arcadiens eux-mêmes se verraient forcés de courber la tête et s'avoueraient vaincus. M. Guilloutet ferait amende honorable, à la tribune, le front couvert de cendres. Le député s'agite, sa femme le mène. Or, vous n'imaginez pas avec quelle furie, je devrais dire avec quelle rage, les femmes du monde assiégent les journaux parisiens pour obtenir qu'on annonce les soirées qu'elles donnent et les bals où elles assistent. Que dis-je? Les bourgeoises s'en mêlent. Une pluie de lettres parties des quatre coins de la capitale tombe chaque matin chez les chroniqueurs du *High life*. Il en vient du faubourg Saint-Germain et il en vient de l'Ile Saint-Louis : toutes suppliantes, charmantes, presque tendres. L'une, — que j'ai copiée, par parenthèse, — disait ceci :

« Pourriez-vous annoncer, monsieur, dans

votre estimable journal, le dîner que j'offre à mes amis dans ma petite maison d'Asnières? Nous serons sept convives, mais appartenant tous au monde des arts. Vous pouvez dire aussi que le chef d'orchestre du théâtre des Folies-Marigny m'a promis d'y assister. »

Quelquefois ces dames envoient le menu; quelquefois, aussi, le journaliste a l'imprudence de l'insérer. Je dis l'imprudence parce que la publication d'un menu est, pour un journal, une source d'ennuis effroyables. La dame réclame si l'on a oublié un hors-d'œuvre ou transformé le bourgogne en bordeaux. Elle se fâche et envoie des lettres dans le genre de celle-ci, que je copie encore :

« Vous insinuez, monsieur, dans votre dernier article, que le turbot servi chez moi, vendredi dernier, était accompagné d'une sauce génevoise. Il était à l'huile. Je compte sur votre impartialité, monsieur, pour rétablir les faits. »

Pour ma part, je ne conçois pas qu'à une époque où l'on se montre si désireux de faire savoir au public ce qu'on fait chez soi, il se soit trouvé des députés pour adopter l'amendement Guilloutet. Je ne connais qu'un seul vote qui se puisse expliquer : c'est celui du chevalier Darimon. Le bulletin blanc du chevalier signifie :

« Je ne veux plus que la presse s'occupe de ma culotte courte. »

Cette culotte est devenue pour l'honorable député un objet inviolable, et dans lequel ils n'entend point laisser entrer les journalistes.

Ses collègues doivent avoir obéi à des raisons analogues. Je les ignore. Mais qui pourrait se vanter de savoir le pourquoi de toutes choses? Qui pourrait dire, par exemple, pourquoi la Ville tient essentiellement à transformer l'hôtel Carnavalet en musée municipal! Cinq ou six commissions et sous-commissions travaillent depuis trois mois à le garnir d'objets curieux. Un marchand, qui leur a beaucoup vendu, me racontait dernièrement qu'elles ne s'entendent point entre elles et que la moitié au moins de leurs achats sera superflue. On mettra cette moitié dans un grenier, où elle ne servira à personne. C'est ainsi que les greniers du Louvre et de la Bibliothèque sont encombrés. Nos administrateurs font la part des rats comme dans les incendies les pompiers font la part du feu.

Ce musée contiendra la collection des portraits de tous les hommes qui ont gouverné ou administré Paris. Marcel, le prévôt des marchands, y coudoiera M. Haussmann. Ce qui m'étonne, par exemple, c'est que dans cette galerie on verra figurer un tableau représentant madame Récamier... assez peu vêtue. Ce tableau a coûté la bagatelle de vingt mille francs. Certainement les étrangers qui s'aventureront à l'hôtel Carnavalet éprouveront une certaine surprise en voyant madame Récamier, peu vêtue et entourée de conseillers municipaux. Heureusement nous vivons à une époque où l'on ne peut plus se choquer de rien, — pas même de voir mettre madame Récamier au rang de nos gloires municipales. Probablement aussi, en fait de gloires municipales comme en fait d'autres gloires, l'administration prend ce qu'elle trouve.

La presse et le public se sont beaucoup occupés, cette semaine, de la collection de M. Champfleury qui devait figurer à ce même hôtel Carnavalet. C'est, comme vous savez, une collection de faïences, très-intéressante et très-curieuse. Elle occupe à elle seule un appartement tout entier, si bien que M. Champfleury a été obligé de déménager et de la laisser maîtresse au logis. Ils se sont séparés de corps. La Ville avait grande envie de ces poteries. Elle en offrait quatorze mille francs. M. Champfleury ayant eu l'imprudence d'en demander quinze mille, l'affaire fut rompue tout net. Il est resté avec son musée sur les bras, n'ayant pour toute consolation que la ressource de s'en nommer le conservateur.

Cet appartement désert, où l'auteur des *Bourgeois de Molinchart* veut bien accompagner les curieux comme moi, ressemble à un palais de féeries de la porte Saint-Martin : *le Palais de la faïence*. Les murs sont garnis d'assiettes ; les assiettes cachent le plafond ; les pots encombrent le dessus des cheminées, les étagères et les tables. Tout cela reluit, étincelle. Les verts, les jaunes et les rouges les plus criards se disputent le fond blanc des plats. C'est pour l'œil ce que serait, pour l'oreille, un concert où chaque instrumentiste jouerait un air différent. Des inscriptions bizarres se détachent çà et là. Sur une grosse cruche on lit : *Vive le Roi !* sur un broc : *Mort aux tyrans ! Vive l'amour !* au fond d'une soupière, et ces exclamations naïves, semées au hasard dans la chambre, jurent entre elles comme les couleurs dont cette vaisselle est peinturlurée.

On imagine difficilement ce qu'il a fallu de temps, d'efforts, d'activité à M. Champfleury pour réunir cette collection. Il a parcouru la

France pendant vingt ans, du nord au sud, de
l'est à l'ouest. Sur la nouvelle qu'un marchand
de curiosités possédait un pot ou une cruche du
dix-huitième siècle, il plantait là, romans, nouvelles, comédies, pour courir à la découverte.
En voyage il fouillait les cabanes des paysans,
inspectait les bahuts, ouvrait les armoires. Tantôt il faisait venir, tantôt il allait chercher. N'a-
t-il pas reçu du fond de l'Espagne une caricature
en faïence qui représente le roi Joseph, coiffé
d'un tromblon verdâtre, vêtu d'un habit bleu,
et tenant un verre à la main! Chose curieuse!
on aurait offert à M. Champfleury de gros
appointements pour faire un métier pareil, qu'il
aurait inévitablement refusé. Et il le faisait pour
son plaisir, et ce métier lui coûtait de mille à
douze cents francs par an!

Un jour, un de ses amis vint lui dire qu'en
passant à Moulins il avait cru apercevoir, chez
un chaudronnier, une assiette de la Révolution,
très-rare. M. Champfleury ne fait ni une ni
deux. Il quitte son travail. Il saute dans un
fiacre, court à la gare et prend le chemin de fer.
Deux jours après, il rentrait triomphalement à
Paris, son assiette sous le bras. Il y a ainsi dans
son musée nombre d'objets qui valent dix cen-

times, qui lui ont coûté vingt sous et qui lui reviennent à deux cents francs.

M. Champfleury était connu, comme le loup blanc, de tous les *bric-à-brac* de France et de Navarre. Dès qu'ils croyaient avoir mis la main sur une faïence curieuse, il la lui envoyaient ou le faisaient appeler. Un jour M. Champfleury trouve ainsi chez son concierge un vase de forme allongée et couvert d'emblèmes révolutionnaires. Une petite pancarte, pendue à l'anse par un fil rouge, en disait le prix : vingt francs. M. Champfleury examine cette poterie; il l'étudie, la retourne en tous sens et finit par se convaincre qu'elle est fausse ou imitée. Il la renvoie en l'accompagnant de cette note :

« Ça ne vaut pas dix sous. »

Deux jours après, en rentrant chez lui, M. Champfleury trouve le même vase sur sa table. Étonné, il regarde et aperçoit une lettre au fond.

C'était l'écriture d'un de ses amis : il déchire l'enveloppe et quelle n'est pas alors sa stupéfaction en lisant :

« Mon cher bon, j'ai cru te rendre service en achetant pour toi ce vase admirable. Le prix ne m'a point semblé exorbitant. C'est tout simplement soixante-dix-sept francs cinquante que tu me dois. »

Le marchand s'étant aperçu tout de suite que l'ami de M. Champfleury n'était point connaisseur, avait saisi cette occasion de réaliser un petit bénéfice.

Ces déboires assez fréquents dans le métier n'ont jamais refroidi l'enthousiasme d'un amateur. De toutes les passions qui s'emparent du cœur de l'homme, celle des collections est peut-être la plus forte. Il n'y a point d'amoureux qui tienne à sa maîtresse autant qu'un collectionneur a son musée. Il est vrai que certaines collections, — celle qui nous occupe, par exemple, — offrent un intérêt réel, sérieux, et il est triste de les voir se disperser au vent des enchères. Depuis près d'un siècle, sur ces humbles assiettes, sur ces plats ébréchés aujourd'hui, ouvriers et paysans ont écrit leurs noms, ont exprimé, par des phrases courtes et énergiques, leurs indignations, leurs douleurs, leurs colères et leurs espérances. Ces témoignages de passions apaisées maintenant, mais vivantes encore au fond des cœurs, ne valent-ils pas la peine d'être conservés, et, comme le disait éloquemment M. Champfleury lui-même, puisque nous avons un musée des souverains, pourquoi n'aurions-nous pas un musée du peuple?

Qu'on me pardonne cette irrévérence! Mais le mot de musée me fait penser au Sénat. En un certain sens, à vrai dire, le Sénat est bien un musée. Le gouvernement s'efforce d'y placer toutes nos gloires nationales comme on met des objets précieux derrière une vitrine. En outre le Sénat partage le Luxembourg avec une galerie de tableaux. Et la plupart de ses membres, blanchis par les années et vieillis par le travail, ont la fragilité des objets d'art.

On parle beaucoup depuis quelques semaines de l'élévation probable de M. Meissonier à la dignité de sénateur. Le peintre charmant, auquel nous devons tant et tant de spirituels tableaux, s'est-il mis lui-même en avant? Je ne le saurais dire, mais j'avoue qu'il me paraîtrait bizarre de choisir un artiste, — quelque talent qu'il ait d'ailleurs, — pour conserver la constitution d'un grand empire. Je ne suppose pas au moins que nos hommes d'État se soient dit:

— Un gaillard qui peint de si petites toiles et qui, par conséquent, a de si bons yeux, doit y voir très-clair en politique.

M. Meissonnier ressemble à sa peinture. Il

est petit, soigneux, méticuleux et, comment dirai-je? un peu... maniaque. Sa maison, — une sorte de palais qu'il a fait construire aux environs de Paris, — est tenue avec une propreté hollandaise. Il faut que tout y soit à sa place et qu'on n'y dérange rien. Un clou arraché au dossier d'un fauteuil met M. Meissonnier dans un état horrible. Son amour pour la symétrie, le confortable, l'ordre, est poussé à un degré fabuleux. Il serait capable de refuser de s'asseoir sur sa chaise curule s'il y manquait seulement une roulette.

M. Meissonier soigne les détails; il les aime, il s'en occupe. Dans ce fameux palais, où il habite, on raconte que les mangeoires des chevaux, les serrures, et jusqu'aux boutons qui ornent les habits des domestiques sont des chefs-d'œuvre de fabrication. Mais ce qu'il faut voir surtout, c'est la galerie des costumes. Le célèbre auteur de *Solferino* n'exécute pas une toile, — même grande comme le petit doigt, — sans faire faire, par des ouvriers à lui, les costumes de ses personnages. Quand il peignit son *Napoléon en* 1815, deux couturières allèrent copier pour lui la fameuse redingote grise qu'on voit au Louvre à côté du petit chapeau. Et ce fut, je vous jure, une rude besogne! M. Meissonier exigea non-seulement qu'on imitât la coupe du vêtement, mais encore les taches qu'on y peut remarquer, l'usure du drap, et je crois aussi la graisse du collet. Son désespoir était de ne pouvoir avoir ni Napoléon, ni ses maréchaux à faire poser. Un peu plus et il aurait prié la Prusse, l'Angleterre et la France de recommencer Waterloo pour pouvoir peindre d'après nature.

La maison de M. Meissonier a donné lieu à des légendes. On raconte, entre autres choses, qu'il a construit dans son parc un petit chemin de fer pour pouvoir suivre les chevaux qu'on fait galoper devant lui. Installé dans un wagon découvert, un carnet à la main, il note chacun de leurs mouvements et le fixe sur le papier.

Qu'est-ce qu'un artiste comme celui-là, qui a toujours vécu pour la peinture et par la peinture, irait faire au Sénat, bon Dieu! Et qu'est-ce que le Sénat ferait de lui! Un homme peut avoir du talent, du génie même, et ne rien entendre aux questions politiques. Or, si un homme n'entend rien aux questions politiques, quel besoin avons-nous de le mettre en position d'approuver les amendements Guilloutet et autres fantaisies de la majorité?

On parle aussi de **M.** Auber pour le Sénat. Je voudrais bien entendre, je l'avoue, une discussion sur la loi de la presse ou la loi de l'armée entre MM. Auber et Meissonier. **M.** Meissonier parlerait couleurs; **M.** Auber répondrait doubles-croches, et le premier corps de l'État pourrait bien se trouver entre deux orateurs comme entre deux selles.

XLVI

On annonce encore un nouveau voyage de S. A. le prince Napoléon, et les journaux officieux de s'agiter. Le prince ne peut plus passer les frontières sans qu'on lui attribue quelque mission importante ou secrète. Pour ma part, je crois tout simplement qu'il se promène, ce qui est une manière comme une autre, même plus agréable qu'une autre, d'employer son temps. Néanmoins s'il fait des préparatifs de départ, M. Beaudrillard s'inquiète; M. Dréolle interroge l'avenir; *l'Étendard* s'écrie :

« Le prince emporte la paix et la guerre au fond de sa malle, entre les chemises et les pantalons. »

Cependant le prince revient; il rentre au Palais-Royal et la carte d'Europe ne change pas. Entre nous, je m'en félicite : la carte d'Europe ne doit pas changer tous les jours comme la carte d'un restaurant.

Le carton à chapeau du prince n'en tiendra pas moins une large place dans l'histoire contemporaine. Il nous préoccupe; il nous effraye, et la confiance et la sécurité sont telles, que l'ombre seule de ce carton suffit pour assombrir l'horizon politique. Tantôt nous le voyons monter dans le ciel, sombre, terrible, majestueux, éclairé de reflets sanglants. Il prend des proportions colossales. Et les nations tremblent et se prosternent; et elles redoutent un cataclysme, et elles se disent entre elles ces mots terribles : *Hoc est signum Dei !*

Tantôt, au contraire, il apparaît radieux, éclatant, doré et semblable à l'étoile du matin. Les *tickets*, que les Compagnies de chemins de fer ont collés sur son auguste cuir, brillent d'un

éclat incomparable; la rente monte dans nos
Bourses et la joie descend dans nos cœurs; le
printemps s'épanouit sur la terre; le chant des
petits oiseaux nous paraît plus doux; fête de
la nature! épanouissement universel! Nous
croyons à l'avenir, au beau, au bien, à la fraternité, à l'amour et à l'union des peuples, et
nous croyons sentir nous pousser dans le dos,
— tout au bas, — la queue à prunelle d'or pro-
mise aux phalanstériens!

XLVII

Je suis bien aise que les Anglais aient entre-
pris l'expédition d'Abyssinie. Ça a été tout de
suite fait. Ils sont partis; ils vont revenir. A la
bonne heure! Si la France s'était chargée de
détrôner Théodoros, nous en aurions eu pour
trois ou quatre ans au moins. Sans compter
que nous aurions à subir une cinquantaine d'articles du *Constitutionnel.*

D'abord, nous aurions voulu, — si nous avions été là-bas, — faire régner l'ordre et la tranquillité dans le pays; anéantir les vieux partis; combattre la révolution. C'est notre marotte. Nous aurions créé un emprunt abyssin. Les souscripteurs auraient été harangués par le rédacteur en chef de *la France*. On aurait voulu les faire profiter un brin des richesses incalculables de notre conquête, et ils auraient touché chacun, à titre de prime, un ver solitaire.

Nous aurions ensuite voulu établir un empire en Abyssinie. On aurait offert la couronne au prince de Monaco. Le prince se serait montré hésitant. Il serait allé consulter le pape. Il se serait embarqué. Le jour de son arrivée, il aurait recueilli vingt-cinq millions de suffrages. Le lendemain il se serait aperçu que le pays ne compte que neuf cent mille habitants. Le surlendemain, on lui aurait flanqué des coups de fusils.

Tout cela aurait pris du temps.

La France, à la fin, aurait eu de l'Abyssinie plein le dos. Elle aurait rappelé ses troupes. Le prince de Monaco serait tombé dans les mains de ses sujets fidèles et bien-aimés. Ses bien-aimés et fidèles sujets l'auraient scié entre deux planches. M. Vitu se serait écrié que c'était la faute de MM. Ernest Picard, Jules Favre et Pelletan. M. Limayrac aurait été jusqu'à accuser M. Glais-Bizoin. Le public se serait tenu les côtes, mais tout cela nous aurait coûté deux cent mille hommes et vingt-cinq millions, c'est-à-dire un peu plus que le nouveau boulevard de l'Impératrice.

L'armée anglaise s'est chargée de l'exécution et c'est fini. Elle a été là-bas comme un homme qui fait une commission, et qui, sa commission faite, se hâte de revenir chez lui. C'est bien, et à un certain point de vue, c'est beau. L'Angleterre est rentrée en possession des prisonniers de Théodoros. Elle voulait rendre la liberté à six malheureux. Elle la leur a rendue. Son but est atteint. On ne pouvait s'en proposer un plus noble, ni conduire plus honnêtement une expédition d'outre-mer.

Qu'on me permette seulement une remarque : l'Angleterre a dépensé quelques millions ; elle a causé la mort d'un roi, qui était un homme de courage. Elle a mitraillé, taillé en pièces, ruiné, quantité de paysans ou de soldats abyssiniens qui ne lui avaient jamais rien fait. Elle a perdu, enfin, cinq ou six cents de ses enfants. Et pourquoi? Pour en sauver six. Il faut convenir, après cela, que l'humanité est une bien belle chose.

XLVIII

L'Opinion nationale et *l'Univers* se prennent aux cheveux à propos de madame de Maintenon et de la marquise du Châtelet. M. Buet, de *l'Univers*, préfère, bien entendu, la maîtresse de Louis XIV. En énumérant les vertus de la dame, il dit :

« On n'a jamais prétendu qu'elle eût d'ignobles pieds comme la marquise du Châtelet... laquelle laissait à désirer sur l'article de la propreté. »

M. Buet n'aime pas les femmes qui ont de vilains pieds, il a raison. M. Buet aime que les femmes se lavent les pieds, il a raison. Mais enfin reprocher ses pieds à la belle Emilie me paraît bien dur. Nul n'est coupable de l'aspect de ses pieds; on ne se fait pas les pieds soi-même; on ne se réforme pas les pieds comme on se réforme le caractère.

Je n'ai point l'honneur de connaître les pieds de M. Buet; j'ignore s'ils sont ignobles; j'ignore même s'il les lave; j'aime à le croire cependant, pour l'honneur de la presse française; mais les pieds ne font rien aux qualités de l'esprit et du cœur, et je suis convaincu que M. Buet trouverait que ses adversaires raisonnent fort mal si par hasard ils s'avisaient d'écrire :

« M. Buet a les pieds trop sales pour être un écrivain convaincu. »

Je ne comprends plus l'esprit de parti, quand il va jusqu'à salir les pieds d'une dame. Qu'est-ce que prouvent contre Voltaire les pieds de madame du Châtelet? M. Buet, en louant la propreté des pieds de madame de Maintenon, aussi bien que sa droiture, a l'air de faire de la propreté des pieds une quatrième vertu théologale. La conséquence serait qu'un confesseur pourrait dire à sa pénitente:

— Ma chère enfant, vous ne ferez jamais votre salut avec ces pieds-là; il faut en changer.

Vous voyez l'embarras de la pénitente, obligée de changer de pieds et contrainte de donner les siens aux pauvres.

Que la propreté soit une vertu, je suis le premier à le reconnaître. Mais il ne faudrait pas la faire marcher avant toutes les autres. M. Buet doit se souvenir que le principal mérite de saint Labre consistait à ne jamais s'être lavé aucune partie du corps. Si, à l'Exposition, il y avait eu des médailles pour les pieds sales, ce Bienheureux l'eût certainement emporté sur madame du Châtelet. J'imagine donc que le ciel s'inquiète peu des *abattis*. Il serait étrange que, lorsque l'ange du jugement viendra réveiller les morts, sa première question fût :

— Avez-vous des œils-de-perdrix?

XLIX

Il n'y a pas à en douter, les feuilles officieuses le constatent ; les feuilles officieuses doivent être bien renseignées : depuis l'organisation de la garde mobile, la France nage dans la joie. Que dis-je? Les miracles d'autrefois recommencent ;

les boiteux marchent, les aveugles voient, et les Parisiens s'abonnent à *l'Étendard*. Un jour, M. Vitu nous raconte un trait de ce genre :

« Hier, un cul-de-jatte s'est présenté devant le conseil de révision pour tâcher d'être admis dans la garde mobile.

« On l'a placé sous la toise; mais on s'est malheureusement aperçu alors qu'il n'avait pas la taille.

« Il s'en fallait d'un mètre quinze.

« Nous renonçons à décrire le désespoir de ce bon citoyen. Il vient d'adresser une pétition à M. le Ministre de la guerre à l'effet d'obtenir la permission de s'enrôler dans les chasseurs à cheval. »

Le lendemain, M. Dréolle reprend :

« Un pharmacien de Preuilly (Indre-et-Loire), conservait depuis dix ans, dans un bocal d'esprit de vin, deux petits fœtus qui faisaient l'admiration de la localité.

« L'autre jour le pharmacien s'aperçut que ses deux fœtus avaient disparu. Il crut à un vol, et s'adressa au commissaire de police. Les recherches furent vaines.

« L'honnête droguiste s'était enfin consolé de cette perte, lorsqu'en rentrant le soir chez lui, il

aperçut les deux petits fœtus qui parcouraient
les rues de Preuilly (Indre-et-Loire), en chan-
tant l'air de la reine Hortense !

« Ils venaient de s'engager dans la garde mobile ! »

Des faits semblables se sont produits partout :
à Toulouse, à Bordeaux, aux environs de Paris,
à Paris même. Aussi n'y a-t-il plus à en douter :
l'enthousiasme est indescriptible. C'est pourquoi
les journaux officieux feraient peut-être bien de
renoncer à le décrire.

Le talent des députés de la gauche est connu
de tout le monde. Il est impossible à contester.
Voici une anecdote que me conte un témoin auriculaire et qui prouve à quel point ce talent est
populaire.

Un membre de la majorité trouve un jour
son domestique lisant le journal.

— Tu t'occupes donc de politique ? tu as donc
une opinion ?

— Certainement, monsieur.

— Eh bien ! voyons, à ma place, avec qui vo-
terais-tu ?

— Ah ! monsieur ! avec la droite !

— Ah! ah!... Et pourquoi, s'il te plaît?

— Ah! dame! monsieur!... C'est que je me sens trop bête pour être de la gauche!

———

L

MM. Sée et Vulpian ont-ils souri? M. Giraud, qui les a dénoncés au Sénat, dit oui, ces messieurs disent non. Je les crois. Mais enfin ils auraient souri que je ne voudrais pas les faire pendre.

Il y a des cas où le sourire est assez naturel. On connaît le fait. Une pensionnaire de la Salpétrière s'était appliqué une médaille, — en guise de cataplasme, — sur la partie du corps qui la faisait souffrir. On ne nous a pas dit quelle était cette partie. Or, on conviendra qu'il est certaines places où l'on peut être étonné de rencontrer une médaille, — fût-ce la médaille militaire.

Cette médaille représentait la Vierge, les

saints et je ne sais plus quoi encore. On m'accordera, je pense, qu'il est certaines parties de nous-mêmes où la nature ne semble pas avoir voulu que nous accrochions des petits tableaux.

Essayons de nous faire comprendre. J'ai le plus profond respect pour les décorations tant étrangères qu'indigènes. Si j'étais médecin, cependant, et que je fusse obligé de prier une dame de se déshabiller devant moi, j'avoue que si j'apercevais tout à coup sur elle, soit à droite, soit à gauche, soit n'importe où, une plaque de commandeur où le ruban des saints Maurice et Lazare, je ne pourrais m'empêcher de sourire.

Je trouverais très-mauvais, après cela, que M. Giraud me dénonçât aux pères conscrits comme ne respectant pas les gouvernements étrangers.

J'appelle là-dessus l'attention du Sénat. Toute la question est de savoir à quel endroit cette brave femme avait mis sa médaille. C'est un point à éclaircir.

Il me semble maintenant que, si toutes les croyances sont respectables, toutes les superstitions ne le sont pas. Il faut distinguer. Il faut aussi ne pas laisser croire aux ignorants et aux imbéciles que les médailles peuvent les guérir.

Car, s'ils le croyaient, une fois malades, ils n'iraient plus chercher le médecin et ils mourraient sans secours. Il est donc quelquefois utile de se moquer d'eux. Quelque amour qu'on éprouve pour sa religion, quelque dévotion qu'on ait pour les saints, il est des cas où l'on ne doit pas hésiter entre une médaille et un lavement.

———

LI

Il est temps que ça finisse. Je ne dirai point que le char de l'État navigue sur un volcan, mais enfin la France se serait assise sur un paratonnerre qu'elle n'aurait point de plus légitimes sujets d'inquiétudes.

Depuis deux ans, voici ce qui nous arrive.

Le gouvernement veut la paix; il le dit : il jure ses grands dieux de la maintenir. Nous le croyons. Quinze jours après, les journaux officieux annoncent :

« On vient de fabriquer cent mille chassepots

et vingt-cinq mille obusiers de poche. On peut
entrer demain en campagne. »

C'est bien. Nous nous tenons prêts; nous ceignons nos reins, et nous nous achetons des remplaçants. La Prusse n'a qu'à bien se tenir.
Quinze jours se passent encore. Un orateur du
gouvernement monte à la tribune :

« Le gouvernement aime la paix; il la veut,
il la maintiendra, etc. »

C'est admirable. Nous *déceignons* nos reins,
— qui commencent à en avoir assez. Nous nous
remettons à nos petites affaires. Un mois s'é-
coule. *Le Moniteur* annonce qu'on organise la
mobile. On met huit cent mille hommes sur
pied. Nous ceignons encore une fois nos reins;
nous cherchons encore des remplaçants et nous
prions quelques personnes — peu aisées — de
vouloir bien verser leur sang pour la patrie. Là-
dessus, M. Baroche va présider une petite fête
de campagne :

« Le gouvernement aime la paix; il la veut,
il la maintiendra. »

Nous *déceignons* nos reins pour la vingt-cin-
quième fois, quand M. Niel prend la parole, —
et il demande à prendre Berlin.

Inquiétude bien légitime du public, qui voudrait savoir si ces deux messieurs sont d'accord et si l'on a trouvé le moyen de prendre Berlin en temps de paix. Il réfléchit ensuite qu'on ne prend pas Berlin comme une demi-tasse.

Je dis que ce n'est pas une vie. Ou battons-nous ou restons tranquilles. Mais le plus agaçant est de voir les journaux officieux qui, lorsqu'on parle du malaise général, répondent invariablement et solennellement :

« C'est la faute aux vieux partis ! »

Les vieux partis ont bon dos. Les vieux partis font tout le mal. Un orateur officiel ne peut plus faire une faute de français sans qu'on n'en accuse les vieux partis.

Le peuple français écoute cela tranquillement, sans éclater de rire. Il me fait l'effet, ce brave peuple, d'un mari qui revient chez lui après trois ans d'absence, et qui trouve sa famille considérablement augmentée. Sa femme, pour dissimuler ses fautes, lorsqu'il demande qui a travaillé à cette multiplication déplorable, lui répond l'œil mouillé de larmes :

— Hélas ! mon cher, ce sont les vieux partis.

LII

Les nouveaux chevaliers de Saint-Jean de Jérusalem vont-ils continuer les chastes traditions des chevaliers de Malte, des chevaliers du Temple et des chevaliers teutoniques? Cet ordre catholique qui, dit-on, doit se réunir bientôt sous la direction de M. A. Borgia, s'est donné pour mission de « combattre la révolution avec l'épée ». La tâche, je l'avoue, me paraît difficile. La révolution est tellement puissante aujourd'hui que l'épée des chevaliers de Saint-Jean, si bien trempée qu'elle soit, aura certainement de la peine à l'atteindre.

Comment la combattre, cette révolution si haïe, si crainte, et, disons-le, si calomniée? Elle est partout. Je suppose un jeune chevalier de Saint-Jean qui, la veille, a été admis dans l'ordre. Il se lève de bon matin et sa première pensée est de sonner son domestique pour avoir à déjeuner. On ne peut pas combattre la révolution à jeûn. Ce serait imprudent. Le domestique arrive : il n'a rien préparé. Voilà mon chevalier qui se fâche et qui menace de le jeter à la porte immédiatement.

— Pardon, monsieur, dit le domestique, vous me devez des gages. On ne met pas ainsi les gens dehors. Si vous refusez de me payer, je vous assigne devant les tribunaux et je vous fais condamner.

Les droits du domestique sont incontestables. Et qui lui a donné le moyen de les faire valoir et de tenir tête à son maître et seigneur? La révolution. Le jour où il parle ainsi, ce domestique la représente. Que dis-je? Il la personnifie. Voilà mon chevalier obligé de sortir son glaive du fourreau avant même d'avoir pu passer son pantalon.

Il sort, cependant, et rencontre un de ses amis, noble comme lui, réactionnaire comme lui, qui l'emmène sur le boulevard. A peine y sont-ils qu'un inconnu les aborde. Il parle à l'ami du chevalier; il l'embrasse; il le tutoie. Quel est ce monsieur? Le fils d'un négociant en gros. Sa fortune l'a fait admettre dans la bonne société. Il donne la main aux Montmorency et tape sur le ventre aux grands d'Espagne. C'est un représentant de la révolution. Il la personnifie comme le domestique. Le chevalier de Saint-Jean tire encore une fois son glaive qu'il avait tenu caché jusque-là dans la poche de son paletot.

Sorti sain et sauf des mains de l'inconnu, le chevalier songe que son premier devoir est d'offrir à l'ordre dont il fait partie toute la fortune que son père a laissée en mourant. Plein de cette belle idée, il court à son domicile et se précipite sur la cassette qui contient le trésor. Mais à ce moment un magistrat apparaît.

— Pardon, monsieur, dit-il d'une voix grave. Le droit d'aînesse n'existe plus. Nous l'avons aboli en 89. Tout cet argent appartient à vos frères et à vos sœurs aussi bien qu'à vous. Vous n'avez pas le droit d'en disposer.

Comme le domestique et comme l'inconnu, le magistrat personnifie à son tour la révolution. Le jeune chevalier s'indigne, soutient son droit, tire l'épée et prétend que l'affaire doit se vider sur le terrain. Le magistrat, moins fougueux, lui apprend que ces affaires-là ne se vident que devant les tribunaux.

Le chevalier, contrarié, veut aller se distraire au théâtre. Et d'abord, il demande une chaise sur la scène, afin de mieux juger l'ouvrage et d'apprécier mieux le jeu des acteurs. Cette faveur lui est refusée. Un huissier le conduit aux fauteuils d'orchestre, où il se trouve assis entre son bottier et son tailleur. Cet huissier, c'est encore la révolution incarnée. Comment faire? Seul il ne trouverait jamais la solution du problème, mais heureusement son tailleur a la bonté de lui glisser à l'oreille, pendant l'entr'acte, cet avis plein de charité :

« — La révolution, mon cher monsieur, est désormais indestructible. Elle a fait nos mœurs. nos lois, notre droit public. Vouloir l'écraser, c'est vouloir anéantir la société tout entière. Vous annoncez l'intention de combatte les révolutionnaires, et c'est vous qui êtes le perturbateur et l'ennemi public. Ce que vous attaquez sous le nom de révolution, — ne vous y trompez pas, — c'est l'ordre établi. La vraie révolution n'est plus où vous croyez. Elle a changé de demeure, et si vous le désirez, je vous donnerai son adresse. Vous la trouverez dans le bureau de *l'Univers*, assise sur le fauteuil de M. Veuillot. »

La révolution! Eh! mon dieu! ceux qui la combattent font eux-mêmes de la propagande à son profit. Se peut-on imaginer que le rédacteur en chef de *l'Univers* lui recrute des adeptes?

Cela est cependant. Un journal libre-penseur publiait l'autre jour la confession d'un prêtre qui a jeté le froc aux orties. Or, ce prêtre racontait, et cela est plaisant, que ce qui l'avait surtout détaché du catholicisme, ce qui lui avait fait prendre en horreur la foi de ses pères, c'étaient les ouvrages de M. Veuillot. Non! s'écriait naïvement ce brave homme, une religion qui inspire *les Odeurs de Paris* et *l'Honnête femme* n'est point la vraie! Et il se plongeait dans l'athéisme avec rage. Ainsi, ce que n'avaient pu faire ni Voltaire ni Rousseau, M. Veuillot l'avait fait du premier coup. Bienheureux homme! Je ne sais s'il a éprouvé quelque plaisir de cette conversion. A coup sûr il ne s'en est pas vanté.

Les personnes qui combattent la révolution ou encore la libre-pensée, quoique souvent fort honorables et fort instruites, sont parfois aussi d'une naïveté enfantine. Je lisais par exemple, dernièrement, que le futur concile de Poitiers aurait à traiter une question très-grave, et ainsi posée par S. E. le cardinal Donnet:

« Que faut-il penser des doctrines insensées qui se résument sous le nom de morale indépendante? »

Le problème n'est point d'une grande difficulté à résoudre. Quand on demande à quelqu'un : que faut-il penser d'une doctrine insensée? Ce quelqu'un répond tout naturellement : il faut penser qu'elle est insensée. Je serais bien étonné, je l'avoue, si un des membres de ce concile disait :

Ces doctrines insensées sont parfaitement raisonnables.

J'admire, d'ailleurs, j'admire profondément, les personnes qui se sentent assez certaines d'être en possession de la vérité pour s'adresser des questions rédigées de la sorte. La vérité, — même la vérité scientifique, est chose si fragile, si incertaine, si changeante! Depuis que le monde est monde, à peine avons-nous découvert sept ou huit vérités dont nous soyons bien sûrs. Pour les autres, elles changent tous les cent ans, quand elles ne changent pas toutes les semaines. Il est d'ailleurs si facile de se tromper, même lorsqu'on est de bonne foi, que je n'ai jamais compris les affirmations hautaines que certaines personnes nous jettent à tout propos à la tête. Et je ne puis les entendre sans songer à une petite histoire, arrivée, il n'y a pas bien longtemps, à l'un de nos confrères. *L'Opinion nationale* avait publié un fabliau, soi-disant ancien et soi-disant traduit du flamand. Les journaux anglais s'étaient empressés de le reproduire et de le commenter. Il tombe sous les yeux d'un savant de Londres. Le savant le trouve joli. Il en veut découvrir l'auteur; il se livre à des recherches. Enfin, il publie un travail très-consciencieux, où il prouve par A plus B que cet auteur était un moine brabançon, — dont le nom m'échappe, — et qui vivait au treizième siècle. Il fournit les documents à l'appui. Il se croit en possession de la vérité : il triomphe. On apprend alors que le fabliau est tout entier de la main d'un feuilletoniste parisien : Ch. Deulin, l'auteur des *Contes d'un buveur de bière*. Dans les affaires humaines, il y a presque toujours un feuilletoniste comme celui-là, — qu'on ne connaît pas. Chaque génération qui arrive au monde croit découvrir la vérité, et la vérité lui échappe. L'humanité ressemble à ces chiens auxquels on attache un morceau de sucre sur le bout du nez. Le chien saute, se retourne, va, vient. Il poursuit le morceau de sucre qu'il voit toujours et n'atteint jamais.

LIII

M. Pierre Grimm, qui n'est autre que M. Roger l'Estrange, qui n'est autre que M. Ch. Coligny, — un vrai poëte et un charmant prosateur, — levons les masques! — se plaint de ce que l'amour a disparu des romans. Je répondrai à M. Coligny, ou à M. l'Estrange ou à M. Grimm, — ça m'est égal, — que cela tient peut-être à ce que l'amour a disparu de la vie réelle. Pour « aimer », c'est-à-dire pour s'occuper d'une femme, y penser continuellement, lui faire la cour, aller la voir, il faut avoir du temps à soi, et pour avoir du temps à soi il faut, au moins, soixante mille livres de rentes. On ne peut pas aimer à moins.

L'amour est une chose de luxe. Pour se donner une maîtresse, il faut pouvoir se donner une voiture. Quand on n'est pas assez riche pour la voiture, on n'est pas assez oisif pour la maîtresse. On fait comme les pauvres gens, on prend des omnibus.

Les personnes qui ont soixante mille livres de rentes se contentent généralement de la voiture; elles emploient leurs loisirs à jouer ou à faire courir.

Quand elles veulent aimer, elles trouvent des affections toutes prêtes, comme on trouve chez les tailleurs des paletots tout confectionnés. L'amour a ses magasins de la *Belle Jardinière*.

Quant à la masse du public, elle est trop affairée. Celui-ci a son article à écrire; celui-là doit aller à la Bourse. On travaille, on s'épuise, on lutte toute la journée, et, le soir venu, on se frappe le le front:

— Tiens! je devais être amoureux aujourd'hui! Voilà que j'ai oublié. Il me reste à peine le temps de manger un morceau!

Et l'on se dépêche. Et l'on aime comme on mange : on aime « sur le pouce ».

Cela n'empêche pas la population de s'accroître d'année en année; mais si les romanciers ne trouvent plus l'amour dans la vie réelle, comment voulez-vous qu'ils le peignent? Et puis la politique, s'il faut le dire, nous absorbe trop pour nous laisser le temps d'aimer. Hier, le gouvernement partait pour le Mexique comme Dunois pour la Syrie; aujourd'hui, il fabrique des chassepots. Que fera-t-il demain ? Nous vivons dans des transes continuelles.

Le « petit dieu malin » d'autrefois a été remplacé par M. Rouher. Je ne dis pas qu'il ait été remplacé avantageusement. Au point de vue plastique, — M. Coligny pensera comme moi, — j'aimais mieux Cupidon. Il était plus élégant de formes, et il n'avait pas la prétention d'être orateur. Il donnait bien aussi sa parole d'honneur à la légère. Mais on lui passait ce défaut. Malheureusement Cupidon est mort. Il faut nous en consoler avec la discussion du budget.

LIV

Il y aura encore de beaux jours pour la France. On vient de décider qu'on établirait, à la Cour, le banc des duchesses. Il est à remarquer que toutes les fois que l'horizon politique se rembrunit on prend une mesure comme celle-là, et tout est sauvé ! Dernièrement, quand la famine commençait à décimer les Arabes, l'administration a tout de suite songé à donner des sabres aux employés du télégraphe. Aujourd'hui le commerce souffre, la prospérité nationale est en jeu : on rétablit le banc des duchesses.

Puis, c'est ainsi qu'on se tire d'affaire. La Prusse menace, la Russie arme, les ouvriers n'ont plus d'ouvrage. Nos hommes d'État se rassemblent.

— Comment parer à cette situation ?

— Ah ! nous allons asseoir les duchesses !

Et la France soutient son rang ; l'Europe admire et notre prestige est sauvé !

Est-ce faute de patriotisme ? Mais ces grandes choses ne me touchent point. On ôterait leur banc aux duchesses ; on donnerait un banc aux piqueuses de bottines, on asseoirait les duchesses sur des chaises, sur des fauteuils, ou même on ne les assoierait pas du tout que j'en prendrais mon parti. Je me demande encore si ce banc enthousiasme beaucoup ces dames. Elles doivent bien savoir qu'un banc de plus ou de moins ne change rien à une situation. Ce banc ne les rendra pas plus nobles ; il ne leur refera pas une généalogie ; il ne les transformera pas en filles de Croisés si elles n'ont pas de Croisés pour pères.

Le banc ne fait pas le moine.

Cela me rappelle une aventure arrivée dans un pays voisin du nôtre. Ce pays avait un roi, ce roi avait des ducs, et ces ducs avaient un banc. Ces ducs, il faut le dire en passant, n'étaient pas les plus intelligents du monde. Or, il arriva qu'un jour où ils importunaient le roi, un ministre lui dit à l'oreille :

— Sire, renvoyez donc les ducs à leur banc !

— Dieu m'en garde ! s'écria Sa Majesté, ils seraient f....ichus de partir tous pour Ostende !

LV

On vient de supprimer les *Avertissements* en France; ils abondent en Algérie. La législation de la presse a changé pour nous; elle n'a point changé pour nos compatriotes d'Afrique. Je commence à croire qu'il en est des lois comme de nos habits et de nos chapeaux. Quand elles sont usées, on les retape et on les envoie dans

les colonies. Il y aura bientôt une fabrique de
lois pour l'exportation.

L'Algérie souffre d'une famine épouvantable.
On ne lui envoie pas assez d'argent ni de pain ;
en revanche, on lui donne des *avertissements*.
Je ne sais point si c'est très-nourrissant ; mais
quand on n'a pas ce que l'on aime, il faut manger ce que l'on a. Enfin, le gouvernement fait ce
qu'il peut. Avertissements les dimanches, lun-
dis, mardis, mercredis, jeudis. On réserve les
communiqués pour les jours maigres.

Vous pouvez fouiller les restaurants de Paris,
vous n'en trouverez pas un dont la carte soit
aussi appétissante. Voici ce que la France offre
à l'Algérie :

MENU DE L'ALGÉRIE

Entrées

Communiqués à l'oseille.

Rôts

Avertissements aux petits oignons.
Suppressions sauce Robert.

Dessert

Amendes variées, — beaucoup de mendiants.

Quel régal pour un peuple qui meurt de faim !

Elles sont là, nues, hideuses, affamées, ces hordes qui promènent leurs souffrances dans les déserts. Autour d'elles tout est morne et désolé. L'herbe même ne pousse point. Mais voilà qu'à l'horizon, dans les sables, le soleil fait resplendir l'eau bleue d'un lac immense qui s'étend à perte de vue sous le ciel.

Des arbres chargés de fruits l'ombragent ; sur ses rives on voit des tentes surmontées du drapeau tricolore, et près d'elles, des provisions de toutes sortes, des troupeaux qui s'ébattent dans la plaine.

Ah ! s'écrient les malheureux, c'est la France qui vient à notre secours ! La France protectrice des opprimés ; la France charitable autant que fière ; la France, cette patrie de tous ceux qui souffrent ! Ils hâtent le pas ; ils se traînent sur le sable aride ; ils approchent ; l'eau est là, près de leurs lèvres desséchées ; ils se penchent ; ils vont boire, ils vont manger, ils vont vivre !

Singuliers effets du mirage ! Ce qui luisait au soleil, ce qu'ils avaient pris pour un lac d'azur, — c'était un *Communiqué* !

LVI

On pourra voir au Havre une vraie *Corrida de toros*. La France n'aura plus rien à envier à l'Espagne. Il lui manquait le maréchal Narvaez et les courses de taureaux. Elle ne peut plus avoir le maréchal, mais elle aura les courses. J'aime autant cela. Et puis l'Espagne est un pays où le commerce prospère, où fleurit l'industrie et que nous ferons bien d'imiter. On demandait à un marchand de Madrid ce que l'Espagne mettrait sous ses vitrines en fait de produit indigènes.

— Vous voulez des produits indigènes? dit-il; alors nous tâcherons de vous envoyer un « *pronunciamiento* ».

Les courses du Havre ont été « arrangées pour la scène française ». L'administration entend concilier, comme toujours, l'ordre et une sage liberté. Une ordonnance de police a défendu aux picadores de tuer les taureaux : voilà pour l'ordre; mais elle n'a pas entendu retirer aux taureaux le droit de tuer les picadores : voilà pour la liberté.

Quelques personnes ont voulu intervenir au nom de l'humanité. On leur a répondu que les picadores, n'ayant pas suffisamment établi leur qualité de quadrupèdes, ne sauraient être protégés par la loi Grammont. Pour que tous les acteurs de la troupe espagnole fussent à l'abri des coups, des blessures et de la mort, il faudrait que l'*impressario* consentît à confier les rôles de picadores à des chevaux de fiacre. Il y a pensé, me dit-on, mais l'administration a trouvé que ça manquerait de couleur locale.

C'est une belle loi que la loi Grammont. Un âne est-il maltraité, un bidet a-t-il à se plaindre de son maître, la loi, la Société protectrice des animaux et mademoiselle Léonide Leblanc sont là. Des cavaliers elles ne s'inquiètent point, elles ne pensent qu'à la monture; et tandis que les taureaux éventreront des picadores au Havre, je ne désespère pas de lire dans les faits divers de Blavet :

« Hier, au coin de la rue Montmartre, un homme a été arrêté, au nom de la loi Grammont, pour avoir maltraité son vélocipède. »

Les jockeys peuvent se casser les reins; les picadores obtiennent la permission de se faire ouvrir; les Arabes ont le droit de mourir de faim, et la liberté des courses de taureaux complète la liberté de la charcuterie. Conçoit-on que des gens à système trouvent à se plaindre de cet ordre de choses? Ils prétendent qu'il y a des libertés qui n'en sont point et qui ne servent à personne. Pour ma faible part, j'admire comme M. Dréolle, et je m'incline comme M. Baudrillard. Quel admirable spectacle! Un progrès lent, mais sûr, développe nos institutions; la liberté de la presse n'est pas complète; la liberté de réunion pas entière; mais la liberté de la boucherie s'étend d'une manière formidable, et l'édifice dont on parle tant et qui s'élève peu à peu est enfin couronné par un aloyau.

LVII

Un des critiques les plus autorisés, M. Sarcey, disait l'autre jour à l'Athénée que le public ne pouvait plus souffrir de coquins ni de coquines sur la scène. C'est extrêmement vrai. Qu'on

mette donc les coquins à la porte du théâtre ; je
ne m'y opposerai pas. Je regretterai, seulement,
qu'on ne puisse pas les mettre aussi facilement à
la porte de partout.

Bien pénétré de ce qu'avait dit M. Sarcey, j'ai
voulu voir s'il avait raison ; je suis allé le soir
même au Vaudeville. On jouait les *Brebis ga-
leuses*, et, en effet, ce n'était qu'un cri dans le
public.

— Cela est odieux !

— Comment met-on de pareilles femmes en
scène ?

— Peut-on supporter la vue d'une drôlesse
semblable ? etc., etc.

Je ne disais pas non. Mais, par malheur, il y
avait ce soir-là dans la salle deux ou trois petites
dames connues de tout Paris, et le public, qui
venait de se mettre dans une colère si vertueuse,
employait tous les entr'actes à les lorgner, sans
témoigner, du reste, le moindre dédain.

— Regarde donc Rigolette ; elle est charmante
ce soir !

— Où ça, Rigolette ?

— A la première galerie, juste à côté de ta
femme.

— Si je lui offrais de venir souper ?

Je me suis demandé alors comment la présence d'une fille entretenue pouvait être si révoltante dans une comédie, quand elle l'était si peu dans la salle.

Le lendemain je suis allé me promener au bois de Boulogne, où vingt petites dames, au moins, confortablement assises dans des équipages, donnaient une représentation à leur bénéfice. Personne ne paraissait indigné.

Si le public souffre ces petites dames au milieu de lui, s'il ne voit aucun inconvénient à ce qu'elles s'asseyent, au théâtre, à côté des femmes honnêtes, je ne vois pas trop pourquoi il se fâcherait chaque fois qu'une de ces pauvres filles mettrait le pied sur la scène. Les auteurs ne peuvent pas nous représenter plus vertueux que nous ne sommes. J'ajoute même que s'ils produisaient une œuvre où l'on vît les hommes d'affaires jouer du chalumeau sous les hêtres de la place de la Bourse, et des danseuses du Casino se disputer une couronne de rosière, cette œuvre n'obtiendrait aucun succès.

Il me semble donc que le meilleur moyen, — et le plus logique, — pour faire cesser le scandale au théâtre, ce serait de l'empêcher à la ville.

LVIII

Ces jours derniers, un jeune homme a encore voulu tuer son père. L'exemple de Lemaire l'avait tenté. Ainsi, cet infâme galopin a trouvé des imitateurs. Il paraît que le crime est contagieux comme la grippe. Vous vous souvenez, d'ailleurs, qu'après l'affaire Dumolard, nous avons une série d'individus qui se sont mis à tuer des bonnes. Je ne crois pas qu'ils aient eu jamais des raisons bien sérieuses pour se livrer à cet exercice. Mais ils faisaient cela par désœuvrement : pour imiter Dumolard ; pour faire quelque chose.

Ce Lemaire de seconde classe, que nous verrons bientôt aux assises, paraît être un oisif de ce genre. Il avait jusque-là vécu en paix avec l'auteur de ses jours. Malheureusement, après avoir lu la *Gazette des tribunaux,* un beau matin, il s'est dit :

— Que diable pourrais-je donc bien faire ce soir ? — Tiens ! je m'en vais tuer mon père : ça me distraira.

Ce jeune homme, il faut l'avouer, n'a pas eu de chance. Des agents de police l'ont surpris et conduit au poste. Ça lui a fait manquer sa soirée.

Ainsi donc, aujourd'hui, les enfants se mettent à tuer leurs pères, par caprice ou inclination, — comme les femmes se sont mises à porter des robes traînantes. Je fais des vœux pour que cette mode ne dure pas.

Un homme ne peut pas commettre une action qui ait du retentissement, —bonne ou mauvaise, peu importe, — sans trouver aussitôt des imitateurs. Dernièrement encore, en Perse, comme on conduisait au supplice les fondateurs d'une nouvelle religion (je ne sais laquelle, il y en a tant!) il s'est trouvé dans le public une quinzaine de personnes qui ont suivi les victimes et sont parties se faire couper le cou, — comme on entre au Théâtre-Déjazet, — sans savoir pourquoi. On ne peut pas dire, pourtant, qu'elles allaient là par habitude. Non. Mais elles se sont senties prises du désir de monter sur l'échafaud, de même que cet atroce Lemaire. Encore faut-il convenir que si Lemaire n'avait pas de raison pour monter sur l'échafaud, au moins il avait su trouver un prétexte.

Dans un autre ordre d'idées : M. Dumas fils vient d'écrire une admirable comédie. Il n'est pas douteux qu'avant quinze jours tous les théâtres annonceront des pièces intitulées : les *Idées de madame Cornichon* ou de *madame Pont-aux-Choux*. Il y a des imitateurs dans tous les genres. Mais, ce qui est très-curieux à remarquer, selon moi, c'est que, s'il existe des assassins de Panurge, les religions ont quelquefois des martyrs qui appartiennent à la même famille.

LIX

On annonce qu'on va fonder bientôt, à Monaco ou à Nice, un collége d'hiver pour les enfants. J'ai même, à ce propos, lu quelque part cette phrase :

« Nous espérons que la chaleur fécondante de ce climat aidera au développement de ces jeunes intelligences. »

En vérité on est si pressé aujourd'hui de développer vité l'intelligence des enfants, que je ne désespère pas de voir bientôt mettre les collégiens sous cloche comme les cantaloups. On ne les rendra à leurs familles que lorsqu'ils seront tout à fait mûrs.

Un savant, du reste, vient de découvrir un moyen de faire pousser les haricots en cinq heures de temps. Un haricot a même eu l'honneur, avant-hier, de se développer devant plusieurs diplomates. Quelqu'autre savant, bien sûr, appliquera ce système aux jeunes gens — et l'on applaudira des deux mains à cette suppression de la jeunesse. Sous l'empire d'une chaleur artificielle, l'enfant entrera au collége à midi ; à une heure il fera une version latine ; à deux heures il fera un thème grec ; à trois heures il commencera sa rhétorique ; à cinq heures il entrera en philosophie ; à six heures moins le quart il remportera le prix d'honneur.

J'ai bien peur, par exemple, qu'à six heures cinq il ne soit plus bon qu'à tailler les plumes dans les bureaux de l'administration, où il obtiendra une place de surnuméraire.

Il me semble que l'intelligence ne gagne rien à être surmenée. Ainsi ne vois-je point venir avec joie le temps où les collégiens et les haricots, — ces inséparables, — s'épanouiront dans le même champ, sous l'œil du jardinier. Les haricots donneront des fleurs en même temps que les autres obtiendront des prix. Mais si j'en juge d'après ce qui se passe, je crois que les haricots auront toujours une supériorité incontestable sur leurs confrères, même quand ceux-ci seront *prix d'honneur*. Et la preuve de ce que j'avance, c'est que les haricots sont toujours bons à quelque chose.

LX

On parle toujours d'un nouveau chant national. Quelques personnes, cependant, prétendent que la *Marseillaise* va nous être rendue. (Cela suppose qu'on nous l'avait enlevée.) Je n'ajoute guère foi à ce bruit. Je crois, au contraire, que si l'on fait quelque chose, le gouvernement, suivant son système habituel, essayera de concilier l'ordre, représenté par Dunois, et la liberté, représentée par la *Marseillaise*.

Il arrivera, comme toujours, à un joli résultat. J'ai moi-même, dans mes moments de loisir, essayé de concilier ainsi la liberté et l'ordre, c'est-à-dire la *Marseillaise* et *Dunois*. Et il faut avouer qu'en mêlant les deux choses, on obtient un chant national qui me paraît ne rien laisser à désirer.

Voici comme je l'entends et comme, j'en suis sûr, les poëtes officiels l'entendront.

LA MARSEILLAISE

arrangée pour les commodités de l'ère impériale

PAR BELMONTET

> Amour sacré de la patrie,
> Conduis le jeune et beau Dunois.
> Liberté, vous aussi, Marie,
> Tâchez de bénir ses exploits !
> Faites, — vous serez bien gentille !
> S'il tombe, mon jeune héros,
> Qu'on n'en trouve pas un nouveau
> Dans les papiers de la famille !

> Aux armes, citoyens ! honneur au plus vaillant !
> Honneur, amour,
> A la plus belle ainsi qu'au plus vaillant !

> Nous entrerons dans la carrière,
> Lorsque Dunois n'y sera plus !
> Nous y trouverons sa poussière
> Et la trace de ses vertus !
> Le Sénat, alors — Chambre rare !
> Aura le légitime orgueil
> D'accompagner dans le cercueil
> La musique de Dalvimare !

Aux armes, citoyens ! etc.

Il y a quelque chose de terrible pour les députés de la majorité. S'ils combattent le ministère, ce ministère qui les a fait élire, qui leur a prêté l'appui de ses agents, ce ministère qui les tient dans sa main, ils se sentent abandonnés aux prochaines élections, ils se voient retomber dans l'obscurité, dans la nuit, dans le néant ! Car, aujourd'hui, sans que personne s'en doute, ils nagent en pleine lumière ; M. Paulmier répand, sans qu'on s'en aperçoive, la clarté d'un astre ; M. Belmontet fait concurrence aux becs de gaz ; et, pour illuminer le ciel pendant la nuit, M. du Miral alterne avec la lune.

C'est chacun son tour. Un soir, Phébé apparaît radieuse ; le lendemain, M. du Miral émerge du sein des ondes. Il influe sur les marées, il a ses phases, il coudoie la *grande ourse*, il tape sur le ventre de la petite, il tutoie la lune! Et quand il a le malheur de commencer sa faction en tournant le dos au public, la lune a la complaisance de l'avertir. Elle lui dit dans la langue des dieux :

— Mon ami, tu te trompes de quartier!

Ils sont grands, ces hommes! ils sont superbes! ils touchent au sublime! Nous ne sommes devant eux que poussière. Mais quand il s'agit de contrarier le ministre d'État, voilà où ils s'aplatissent. Ils redeviennent petits, tout petits en un instant. Le public, qui n'est pas dans le secret, se demande pourquoi. C'est qu'ils subissent alors un horrible cauchemar.

Un fantôme se dresse devant eux, qui grandit en une minute et qui s'allonge incommensurablement, et qui balance dans les airs, comme un étendard funèbre, un grand chapeau à trois cornes. Et ce fantôme pose sa main sur leur tête, et il ouvre une bouche formidable, et il montre une rangée de dents blanches et aiguës. Ses grands yeux noirs luisent comme des lanternes; son nez est rouge comme un cardinal en costume; ses poils se hérissent sur ses joues comme les dards d'un porc-épic; il porte une grande blouse bleue qui flotte autour de lui; la poignée d'un sabre apparaît sous son bras maigre et nu ; une plaque brille sur sa poitrine. Et ce fantôme dit au député :

Criez : *Très-bien !*

Le député résiste. Sa conscience proteste ; il veut lutter contre le fantôme ; il s'arme d'un couteau à papier. Il se lève. Mais le fantôme lui passe encore une fois sa lourde main sur la tête. Ses lèvres livides laissent tomber lentement ces mots :

— Criez : *C'est cela !*

Le député gémit ; il se débat sous l'étreinte ; il repousse l'horrible vision ; il supplie, il pleure, il geint, il râle. Il se précipite à genoux. Le fantôme est implacable. Le fantôme lui tend l'urne et la boule blanche. Et cette fois, puissante comme celle de Dieu, aiguë comme la trompette du jugement, terrifiante comme le son du tonnerre céleste, sa voix fait entendre cet arrêt épouvantable :

— Je ne te soutiendrai plus aux prochaines élections !

Le députe crie : *Très-bien !* Le député crie : *C'est cela !* Le député vote. Il a le *trac*.

Qui donc es-tu, toi qui viens troubler les séances législatives ; qui entres dans la salle sans

que les huissiers te barrent le chemin ; toi qui en-
jambes les banquettes ; toi qui arrêtes les orateurs au milieu de leurs discours ; toi qui fais
taire les consciences ; toi qui sembles plus éloquent que M. de La Roquette, plus puissant
que M. Haussmann, plus persuasif que M. du
Miral, plus fort que M. Rouher, plus influent
que M. Frémy, être invisible et immatériel, fantôme terrible, élu ou réprouvé, ange ou dé-
mon, homme à plaque ?

Qui donc es-tu ?

Es-tu le séraphin qui veille sur les destinées
de la famille impériale et sur l'avenir de la
France ? Es-tu l'envoyé du Très-Haut qui mar-
chait en tête de la phalange de Boulogne, côte à
côte avec cet aigle immortel que Persigny nourrissait de mou de veau ? Es-tu l'âme de de Mor-
ny, échappée par miracle aux félicités éternelles,
et qui, se rendant aux Bouffes pour hâter la reprise de *Monsieur Choufleury*, traverse en passant le Corps législatif ?

Qui donc es-tu ?

Pourquoi portes-tu un chapeau à trois cornes
comme le chef de l'État, une épée comme les diplomates, et une plaque comme les commission-
naires ? Pourquoi viens-tu dans les moments so-

lennels, quand il s'agit du Mexique et quand il s'agit de nos finances; quand il faut excuser des illégalités, quand il faut laisser violer la loi, toutes les lois? Pourquoi ne dis-tu pas ton nom? Pourquoi, quand on te le demande, restes-tu silencieux comme un tronc d'arbre ou comme M. de Soubeyran?

Qui donc **es-tu**?

Le fantôme **paraît** grandir encore. Il couvre de son chapeau les illégalités de M. Haussmann; il montre, avec sa main droite, l'expédition du Mexique qu'il **a permise**, la guerre d'Allemagne qu'il a laissé **faire**; la dette publique qu'il a augmentée. Il montre, de sa main gauche, deux ou trois de nos industries tuées par le traité de commerce; il **montre** les cadavres de nos soldats morts des **fièvres** sous les tropiques; il montre la majorité, **obéissante**, à ses pieds.

Le fantôme **grandit** encore. Il prend des proportions colossales. Il devient plus grand que les ministres, **plus grand** que les princes de la famille impériale, **plus grand** que Rouher. Il domine le Corps législatif; il domine la France entière. Le chef de l'État se perd dans son ombre, son front touche les étoiles. Et il dit :

— Je suis le garde champêtre!

M. Covielle, dans *le Nord,* raconte que M. Dupin, voulant récompenser son coiffeur, n'a rien trouvé de mieux que de le nommer bibliothécaire à Sainte-Geneviève. Cela se conçoit, on a à son service un *merlan* dévoué; on veut reconnaître son zèle; on le nomme bibliothécaire. Rien de plus simple.

Le merlan susdit fait d'ailleurs tout ce qu'il peut pour contenter le public. Quand on lui demande Corneille, il va chercher Buffon — chapitre des oiseaux.

Cette révélation de M. Covielle est précieuse. Elle éclaire d'un nouveau jour l'histoire du second Empire.

Depuis dix-sept ou dix-huit ans, nous ne cessons pas de nous étonner des maladresses, des sottises de nos hauts fonctionnaires. Et ces fautes sont si grandes, ces sottises si énormes, ces maladresses si gigantesques, qu'elles nous semblent inexplicables.

Mais, si nous réfléchissons que peut-être les personnages qui les commettent, loin d'être des hommes politiques, sont des fournisseurs dont on a récompensé le zèle; si nous parvenons à nous persuader que nous sommes gouvernés par des artistes capillaires, alors tout s'explique : les fautes du Mexique, aussi bien que les armements de décembre. Ce que nous ne pouvons passer à des hommes d'État, nous le pardonnons à des coiffeurs.

Mais que n'a-t-on parlé plus tôt? Nous n'aurions point perdu tant d'encre et de papier à réfuter des arguments inadmissibles, à nous moquer de discours insensés. Voilà M. Rouher, par exemple. Si nous avions su, dès le début de sa carrière, qu'il n'avait étudié que les différents systèmes de coiffures, croyez-vous que nous nous serions étonnés de l'entendre appeler Genève « la ville des lacs ? »

Si nous avions su que M. Rouher s'était livré toute sa vie à la confection des faux toupets, aurions-nous ri de le voir mener comme il le fait l'affaire du *Moniteur?*

Si nous avions su que M. Rouher n'était habitué qu'au maniement du peigne, nous serions-nous, pendant ses discours, tenu les côtes?

Non certes!... Nous l'aurions plaint de tout notre cœur; nous nous serions dit simplement, en l'entendant vanter l'expédition du Mexique ou le génie de M. Norbert-Billiart :

— Pauvre homme ! lui qui s'entendait si bien à la coupe des cheveux!...

Tous coiffeurs! quelle clarté!

Comme maintenant l'histoire devient lumineuse! comme on y voit clair! comme les moindres détails s'expliquent! comme on comprend!

Tous coiffeurs, quelle excuse!

C'est donc cela qu'ils ne savent par quel bout s'y prendre! C'est donc cela que leurs discours sont émaillés de fautes de français! C'est donc cela que M. Baroche est ministre!

Tous coiffeurs!

Ah! nous ne dirons plus rien. Nous ne critiquerons plus; nous ne rirons plus; nous ne ferons plus d'opposition systématique; nous nous tairons.

Tous coiffeurs!

Il faut que ce secret soit divulgué. Il faut que cette nouvelle se répande. Il faut que le peuple français sache à quoi s'en tenir. Il faut que plus tard, quand la postérité accusera ces messieurs d'avoir mal dirigé nos finances, d'avoir condamné la presse au mutisme, d'avoir endormi l'esprit français, l'histoire, la grave histoire, puisse répondre comme nous pour leur excuse :

— C'étaient des garçons perruquiers!

Vous avez voulu le pouvoir, vous, M. Rouher, dont les discours ont été dix ans sifflés par ceux-là mêmes qui les applaudissent aujourd'hui ; vous avez voulu le pouvoir, vous, M. Pinard, et vous soutenez à la tribune l'innocence de vos actes, comme autrefois, au prétoire, vous souteniez la culpabilité des voleurs de lapins ; vous avez voulu le pouvoir, vous, M. Baroche, républicain de la veille, impérialiste du lendemain ; vous avez voulu le pouvoir, et depuis dix-huit années qu'il est entre vos mains, vous annoncez que vous travaillez à un grand édifice qu'on verra seulement plus tard ; si bien que nous ne savons pas encore si ce sera un palais ou une guérite. M. Liégeard, qui compose des élégies ; M. Paulmier, qui rédige des professions de foi démocratiques et sociales ; M. Calvet-Rogniat, qui distribue de la tête de veau à ses électeurs ; M. de Persigny, qui empaille des aigles, vous aident dans cette grande entreprise. L'ardeur dont vous êtes remplis fait espérer à M. Belmontet, qui vous suit des regards et du cœur, de voir, à la fin de sa carrière, votre œuvre achevée et dans cette perfection où vous désirez de la porter avant que votre main tremble ou que votre cerveau refroidi vous trahisse. N'y épargnez rien, hommes sublimes ! Employez-y toutes les ressources de votre intelligence et toutes les ressources de votre police ; suspendez les journaux ; arrêtez les journalistes ; déterrez au fond de vos tiroirs les lois qui ont dormi entre vos faux-cols et vos paires de chaussettes ; faites insulter la mémoire de Baudin, qui mourait pour le droit tandis que vous étiez occupés à sortir de la légalité ; permettez le lendemain ce que vous défendiez la veille ; défendez la veille ce que vous devez permettre le lendemain ; poursuivez celui-ci ; accablez celui-là ; revenez sur vos décisions ; faites la planche dans le gâchis ; couronnez l'édifice !

Que les plus ardents et les plus haineux d'entre ceux qui envient vos traitements et vos places ne puissent qu'admirer l'aplomb avec lequel vous parlez de nos finances, des « trois tronçons allemands » et de l'expédition du Mexique. Épuisez votre patience et votre génie à parachever ce monument incomparable ; et quand vous y aurez mis, maîtres, le couronnement, tout ce qui reste en notre pays de citoyens honnêtes et d'hommes convaincus ira rejoindre Hugo à Guernesey, Louis Blanc à Londres, Rochefort à Bruxelles ; on vous abandonnera au milieu de votre tourbe d'employés, de gardes champêtres et d'imbéciles ; car, là où il n'y a plus de liberté, il n'y a plus de drapeau, il n'y a plus de France. Et le dernier de ces émigrants, avant de secouer la poussière de ses bottes, pourra écrire sur le poteau de la frontière, comme sur le marbre d'une tombe :

Ci-gît la patrie de Voltaire et de Mirabeau.

FIN.

PARIS. — IMP. A.-E. ROCHETTE, 72-80, B^d MONTPARNASSE